2.00

# Jim Willis
## *Die leise Stimme der Seele*

# Jim Willis

# *Die leise Stimme der Seele*

Besinnliches, Bewegendes und Heiteres über
die Beziehungen zwischen Tier, Mensch und Natur

## Band I

Aus dem Amerikanischen übertragen
von Norbert Wengerek

Die Originalausgabe »Pieces Of My Heart« erschien im Jahr 2002 bei:
Infinity Publishing.com, USA & Kanada
Authors Online, Hertford, Großbritannien


Text Copyright © Jim Willis 2002
A publication of Jim Willis and The Tiergarten Sanctuary Trust, USA & Europe


© 2006 ComArt N & M Wengerek, 6353 Weggis, Schweiz


Aus dem Amerikanischen übertragen von Norbert Wengerek


UMSCHLAGFOTOGRAFIEN: Norbert & Marianne Wengerek

EINBAND, SATZ &
GESAMTHERSTELLUNG:     ComArt N & M Wengerek
                       Seestraße 54, Postfach 308
                       CH - 6353 Weggis
                       www.comart.ch
                       info@comart.ch

DRUCK:                 Kösel, D - 87452 Altusried-Krugzell


ISBN 3-905319-33-0

Printed in Germany

Meinen Eltern Valentina und Earl Willis gewidmet,
die mir die wichtigsten Vorbilder in meinem Leben waren
und mich die Liebe zum Wort lehrten,
meiner Frau Betty, die mich gerettet hat, für ihre Liebe,
und den wunderbaren Menschen- und Tierseelen,
die uns auf der Reise durch dieses Leben begleitet haben
und uns mitunter schon vorausgeeilt sind.

# Inhalt

# Über Würde, Mitgefühl, Spiel und Liebe

Jim Willis setzt sich seit vielen Jahren unermüdlich und selbstlos für die Tiere ein. Wer seine Essays gelesen hat, weiß, wie sehr er alle Tiere liebt und respektiert – kleine und große, magere und dicke, solche mit oder solche ohne Schwanz, schwarze, weiße, gesprenkelte. Er schreibt auch darüber, wie notwendig Beziehungen sind, tiefgehende und auf Gegenseitigkeit beruhende Verbindungen zwischen allen Tieren – und den Menschen. Er hat meine vollste Zustimmung.

Als jemand, der seit mehr als drei Jahrzehnten das Verhalten von Tieren untersucht, kann ich bezeugen, wie wichtig ethologische Forschungen sind, und zwar nicht nur, wenn es darum geht, etwas über die faszinierenden Wesen zu erfahren, mit denen wir uns die Erde, den Himmel und das Wasser teilen, sondern auch wenn wir ergründen wollen, wer wir selbst sind, welche Stellung wir im Naturganzen haben und worin unser Menschsein, unsere Menschlichkeit eigentlich besteht. Bei meinen Studien gehe ich von der Frage aus: »Wie ist es, ein anderes Individuum zu sein?«, und ich versuche, mich in die Tiere hineinzuversetzen, in ihre Pfoten, ihre Herzen und ihr Gemüt, um so viel wie möglich über ihre Welt lernen zu können. Wir können uns selbst am besten in Relation zu anderen begreifen, und Tiere sind mit Sicherheit eine wichtige »Erkenntnismethode« – sie sind Quellen tiefer Weisheit, offenbaren uns Demut, Würde, Mitgefühl und Liebe.

Die Ergebnisse der Untersuchungen des Tierverhaltens, insbesondere die Erforschung der emotionalen, empfindenden Natur und der individuellen Persönlichkeiten, durchziehen auch die Diskussion über die Kontinuität der Evolution. Diese Diskussion knüpft an Darwins Vorstellungen an, denen zufolge die Unterschiede zwischen vielen Tierarten nur gradueller, nicht aber wesentlicher oder prinzipieller Art sind. Es scheint sehr deutlich zu sein, dass das Wissen über andere Lebewesen – wie sie ihre Zeit verbringen, mit wem sie interagieren, wo und wie sie das tun, was sie tun, ihre intellektuellen und kognitiven Fähigkeiten und ihr intensives Gefühlsleben – erheblich dazu beitragen kann, ein umfassendes Verständnis der menschlichen Spiritualität und dessen, was Menschsein bedeutet, zu erlangen. Der Gebrauch von Werkzeugen und der Sprache, die Selbstwahrnehmung und das Selbstbewusstsein, Kultur, Kunst und rationales Verhalten – all dies kann nicht mehr zuverlässig benutzt werden, um Grenzen zwischen den Spezies zu ziehen – Grenzen, die den Menschen von den (anderen) Tieren trennen. Solche voreingenommenen, speziesistischen Behauptungen wie die, dass nur Menschen Werkzeuge oder Sprache gebrauchen, Selbstbewusstsein besitzen, Kultur schaffen, künstlerisch tätig sind oder den Verstand benutzen, können angesichts der enormen Zunahme des Wissens, das wir über unsere tierischen Verwandten sammeln, mit denen wir uns diesen Planeten teilen, nicht mehr länger verteidigt werden.

Die Einwände von Skeptikern, Tiere seien nichts anderes als empfindungslose Automaten, sind Sackgassen. Skeptiker tragen für ihre Aussagen dieselbe Beweislast wie diejenigen, die behaupten, dass einige Tierarten über ein hochentwickeltes emotionales Gefühlsleben verfügen und intensive Empfindungen gegenüber der jeweiligen Welt haben, in der sie existieren. Wie es nicht möglich ist, zweifelsfrei zu beweisen, dass manche Tierarten ein reiches Gefühlsleben haben, ist es auch unmöglich zu beweisen, dass dem nicht so ist. Herz und Verstand offen zu halten ist der einzige Weg, der in die Zukunft führt.

Bei meiner Forschungsarbeit versuche ich mich mit den Tieren, die ich studiere, zu identifizieren und mit ihnen mitzufühlen. Vor einigen Jahren entwickelte ich die Idee des »Tierverstands«. Dieser Ausdruck »Tierverstand« bedeutet im Wesentlichen zweierlei: Zum einen geht es darum, die (anderen) Tiere zu verstehen, sich um sie zu kümmern, sie als das zu respektieren, was sie sind, ihre jeweilige

Weltsicht nachzuvollziehen und der Frage nachzugehen, was sie fühlen, wie sie sich fühlen und warum sie so fühlen; zum anderen bezieht sich der Ausdruck auf die Tatsache, dass viele Tiere einen sehr aktiven Verstand besitzen, Intelligenz, ja Denkvermögen. Ich bezeichne mich gern als Tiefen-Ethologen, als Verhaltensforscher, der tiefere Schichten ergründen möchte. Ich als Beobachter versuche, zum Beobachteten zu werden. Ich werde Kojote, ich werde Pinguin (ich werde auch Baum, und oft werde ich Felsen). Ich gebe meinen Tierfreunden Namen und versuche, mich in in ihre sensorischen und motorischen Welten hineinzuversetzen, um zu entdecken, wie es sein könnte, dieses oder jenes Individuum zu sein, wie es seine jeweilige Umgebung erfährt und wie es sich in bestimmten Situationen bewegt und verhält.

Bei meiner Arbeit betone ich immer wieder, dass Gruppen (Gemeinschaften) durch soziale Kooperation von Individuen aufgebaut werden, die übereingekommen sind, in Harmonie mit anderen Individuen zusammenzuarbeiten. Meiner Ansicht nach ist Kooperation stets eine Begleiterscheinung des Versuchs, aggressive und egoistische Tendenzen im Zaum zu halten (etwa im Kampf gegen die egoistischen Gene, wie Richard Dawkins meint); darüber hinaus können sich Zusammenarbeit und Fairness von selbst entwickeln, denn sie sind wichtig für die Bildung und Aufrechterhaltung sozialer Beziehungen. Diese Betrachtungsweise, der zufolge die Natur quasi rehabilitiert und freigesprochen wird, steht im Gegensatz zu denen, die Aggression, Betrug, Egoismus und vielleicht amoralisches Verhalten als Triebfedern für die Entwicklung alles Sozialen ansehen. Die kampferfüllte Welt etwa eines Thomas Hobbes, in der die Einzelnen einander ständig an die Kehle gehen, entspricht nicht dem Naturzustand der Dinge; die Natur hat nicht immer blutrote Zähne und Klauen, und Altruismus ist nicht immer einfach nur mehr oder weniger gut kaschierter Egoismus. Es ist wichtig, die Möglichkeit in Erwägung zu ziehen, dass es ein gutes Gefühl ist, zu anderen nett zu sein, mit ihnen zu kooperieren, sie anständig zu behandeln und ihnen ihre Fehler, Unzulänglichkeiten und Irrtümer zu verzeihen – sie zu lieben.

Ich bin auch sehr besorgt, was die Art, die Asymmetrie, die Einseitigkeit der Interaktionen zwischen Mensch und Tier angeht, und zwar unter theoretischen wie auch unter praktischen Aspekten. Insbesondere beschäftigt mich der anthropozentrische Umgang mit Tieren, der für gewöhnlich mit irgendeiner Art von Nutzenkalkulation gerechtfertigt werden soll; diesem utilitaristischen Ansatz zufolge werden Vorteile für den Menschen gegen Nachteile für die Tiere aufgerechnet.

Ich mache mir auch Sorgen wegen der Art und Weise, wie Menschen versuchen, mit der »wilden«, unberührten Natur zu leben, sie zu managen, zu kontrollieren und zu beherrschen – vor allem wenn man sich daran macht, sie zum eigenen Vorteil »umzugestalten«.

Ich bin ein geduldiger und mitfühlender Aktivist, der daran glaubt, dass es – wenn man dauerhafte Änderungen in den Herzen und Köpfen herbeiführen will – am besten ist, sich selbst »die Hände schmutzig zu machen«, hinzugehen und die Leute aufzuklären über die entsetzlichen Dinge, die wir viel zu vielen Tieren antun. *Gleichgültigkeit ist tödlich.* Mir geht es vor allem darum, die Leute zum Nachdenken zu bringen, und ich fordere sie auf zu erzählen, warum sie so denken, empfinden und handeln, wie sie es eben tun.

Als unverbesserlicher Träumer und Optimist habe ich oft das Gefühl, von meiner Hoffnung getäuscht zu werden. Dennoch träume ich leidenschaftlich davon, dass Veränderungen der Einstellung, mehr Mitgefühl, letztlich doch zu Harmonie in der Beziehung zwischen Mensch und Tier führen werden. Die Tiere werden immer im Wettstreit mit dem Menschen, ihrem dominanten Säugetierverwandten mit dem großen Gehirn, liegen. Und zweifellos werden die Tiere bei den meisten dieser Begegnungen als Verlierer dastehen, während der Mensch fortfährt, die Natur nach seinen eigenen egoistischen Vorstellungen und Zwecken umzumodeln.

Das Engagement für die Tiere hat mir geholfen, mir meiner Spiritualität bewusst zu werden. Hilfreich für diesen Bewusstwerdungsprozess waren insbesondere auch die zahlreichen Belästigungen, Einschüchterungsversuche, Demütigungen und Enttäuschungen – all das geht oft an die Substanz. Ich habe am eigenen Leib erfahren, wie es ist, wenn man zum Schweigen gebracht werden soll, zum Beispiel, als ich Fragen bezüglich der Wiederansiedlung des kanadischen Luchses in Colorado stellte oder als ich hinterfragte, warum während des Medizinstudiums in den Physiologiekursen Hunde getötet werden mussten, damit die Studenten etwas über das Leben lernen konnten. So verließ ich beispielsweise einen medizinischen Kurs, weil ich im Rahmen meiner Ausbildung und »im Namen der Wissenschaft« keine Katzen oder Hunde töten wollte. Ich wollte keine Tiere töten, um etwas über das Leben zu erfahren, und gab einen lebenslangen Traum auf.

Die Anfeindungen brachten mich jedenfalls dazu, tief in mein Herz hineinzuhorchen bei dem Versuch, zu verstehen und anderen zu erklären, warum ich das tat, was ich eben tat – ob es nun darum ging, dass ich Protestaktionen organisierte, um Tiere zu retten, oder an Mahnwachen bei Kerzenlicht oder an Gebetsveranstaltungen für getötete Tiere teilnahm. Hier mag es genügen zu sagen, dass mitfühlende Menschen, die an gewisse Grenzen rühren, leicht den Zorn von Kleingeistern hervorrufen. So wurde ich etwa von einigen meiner Kollegen wegen meiner Einstellung zu den Tierrechten als Exzentriker und Spinner bezeichnet. Ich fühlte mich geschmeichelt und wunderte mich, warum sie sich die Mühe machten, einen Spinner einzustellen! Sicher wussten sie doch Besseres mit ihrer kostbaren Zeit anzufangen.

Eine Überzeugung, die mich antreibt, ist der Glaube, dass jedes Individuum zählt und dass jedes Individuum einen Unterschied ausmacht. Wie Margaret Mead einmal schrieb: »Zweifelt nie daran, dass eine kleine Gruppe denkender und entschlossener Bürger die Welt verändern kann. In Wirklichkeit hat nur dies Veränderungen herbeigeführt.« Kreative, proaktive Lösungen, getragen von tiefer Demut, von Mitleid, Anteilnahme, Respekt und Liebe, müssen entwickelt werden, um der breiten Palette von Problemen zu begegnen, mit denen wir gegenwärtig konfrontiert werden. Aktivismus liegt oft der Formulierung und der Umsetzung der Lösungen zugrunde.

Ich bin ein Optimist, ein von Hoffnung erfülltes Menschenwesen. Ich sage niemals »nie«. Das Leid anderer Wesen verursacht mir Schmerzen, und es tut mir auch weh, wenn ich sehe, wie Landschaften zerstört werden. Sicher wollen wir nicht, dass man sich an uns als an die Generation erinnert, welche die Natur vernichtet hat. Jetzt ist die Zeit für jeden und jede gekommen, sich für den universalen planetarischen Frieden einzusetzen. Es gibt keine Alternative zum Weltfrieden, und wir müssen ohne Zaudern die Samen aussäen, um dieses dringliche Ziel zu erreichen. Es ist ganz entscheidend, dass wir es besser machen als unsere Vorfahren. Niemand kann behaupten, dass eine Welt, in der es deutlich weniger oder gar keine Grausamkeit gibt, dafür aber grenzenloses Mitgefühl, Achtung vor anderen, Würde, Demut, Spiritualität, Frieden und Liebe – dass so eine Welt nicht ein besserer Platz zum Leben und zum Aufziehen von Kindern und Kindeskindern in Bescheidenheit und Anstand wäre.

Wir sind alle Bürger dieser Erde, Mitglieder einer globalen Gemeinschaft, in der verständnisvolle, wechselseitige und das Wohlergehen aller fördernde, friedliche Beziehungen unverzichtbar sind. Wir haben die unausweichliche Verpflichtung und Verantwortung, die Erde zu einem besseren und friedlicheren Habitat für alle Lebewesen zu machen. Die Zeit arbeitet nicht für uns. Wir müssen uns besinnen und äußerst behutsam vorgehen, wenn wir die Natur »umgestalten«.

Ich sehne mich nach einem nahtlosen Gewebe der Einheit, nach einer warmen Decke, nach einer Seelenlandschaft tiefer und auf Gegenseitigkeit beruhender Freundschaft, in der alle Einzelwesen zählen, nach einer einzigen Gmeinschaft, in der alle Individuen mit allen anderen eins sind, in der Betrachter und Betrachtete eins sind, einer Gemeinschaft, in der es ein gutes Gefühl gibt und die Einzelnen glücklich macht, wenn sie gütig zu anderen sind. Meine eigenen Träume und spirituellen Wünsche beruhen auf einem tiefen, leidenschaftlichen Drang nach Aussöhnung, nach nahtloser Verbundenheit, nach Ganzheit und einer Einheit, in der Vertrauen, Mitgefühl, Respekt, Würde, Demut und Liebe die Triebfedern des

Handelns sind. Ich plädiere ständig dafür, eine aus dem Herzen kommende, holistische Wissenschaft aufzubauen, in der neben interdisziplinären Gesprächen über Güte, Mitgefühl, Achtung, Würde, Demut, Spiritualität, Frieden und Liebe auch Vergnügen, Freude und Spiel Platz finden. Wissenschaft braucht gegenüber dem, was sie nicht vollkommen verstehen kann, nicht argwöhnisch zu sein. Die Tiere vertrauen uns ja auch.

Die Herzen unserer Gefährten, unserer Wegbegleiter sind – wie unsere eigenen Herzen auch – sehr zerbrechlich, und deshalb müssen wir behutsam mit ihnen umgehen. Ihr und unser Herzschlag sind synchron und nähren unseren Geist und unsere Seele ebenso wie die ihren. Wir können niemals zu gütig oder zu großzügig sein mit unserer Liebe für unsere lieben und vertrauensvollen Gefährten, die so voller Vergebung sind, so würdevoll und so reinen Herzens. Indem wir das Vertrauen, das unsere Gefährten in uns setzen, und ihre Liebe zu uns in Ehren halten, können wir unsere Spiritualität wie in einem Spiegel betrachten, in dem alles Leben deutlich reflektiert wird und ohne Einschränkung oder Ausgrenzung verflochten ist.

Unsere Gefährten können uns menschlicher und humaner machen, wenn wir uns ihnen öffnen und uns auf die tiefere Dimension ihrer Gegenwart und die Essenz des ihnen eigenen Wesens einlassen. Was können wir also tun? Hier sind ein paar Anregungen:

- Wir sollten alle Anstrengungen unternehmen, um das Wesen unserer Gefährten zu verstehen und ihren Wert zu schätzen.
- Wir sollten uns von ihrem Geist und ihrer Seele durchdringen lassen.
- Wir sollten sie freimütig preisen und ihnen aus ganzem Herzen und innig danken für das, was sie sind, wenn wir gelernt haben, was sie uns über Mitgefühl, Hingabe, Respekt, Spiritualität und Liebe lehren können. Ihr Leben und auch unseres wird reicher, erfüllter, umfassender sein und auf andere ausstrahlen. Liebe wird im Überfluss vorhanden sein, und das ehrfurchtgebietende Universum wird in seiner Gänze zu einem besseren Ort werden,

zu einem Seelenkosmos, in dem wir in Harmonie mit all unseren Verwandten, anderen Lebensformen und den Landschaften existieren können.

- Wir sollten diese Zuversicht niemals entweihen. Wir sollten niemals unsere Augen (oder andere Sinne) oder unsere Herzen abwenden oder verschließen vor den Augen und den Stimmen all der anderen Wesen, unseren Verwandten, unseren Freunden, die so inständig bitten um unsere sofortige, uneingeschränkte und bedingungslose Hilfe und Liebe, auf die sie so sehr angewiesen sind. Das dürfen wir uns nicht erlauben, denn wir können mit Sicherheit viel mehr tun, als wir bisher getan haben.

Letzten Endes kommt alles auf die Liebe an. Die Macht der Liebe darf nicht unterschätzt werden, wenn wir versuchen, die Verbindung mit der Natur und den anderen Lebewesen wieder herzustellen. Wir müssen lernen, das Universum und alle seine Bewohner zu lieben.

In der großen Ordnung aller Dinge bekommt jeder und jede Einzelne das zurück, was er oder sie gegeben hat. Wenn Liebe in reichem Maß verströmt wird, fließt sie in reichem Maß zurück, und es besteht kein Grund zu befürchten, dieses mächtige, sich selbst verstärkende Gefühl könne sich erschöpfen, das als dynamisches Stimulans für die Erzeugung von Mitgefühl, Respekt und Liebe allem Leben gegenüber dient. Es ist wichtig zu erkennen, dass jedes einzelne Individuum eine wesentliche Rolle spielt und dass der Geist und die Liebe jedes Individuums mit dem Geist und der Liebe anderer verflochten sind. Diese sich abzeichnenden wechselseitigen Verflechtungen, die das im Körper eingeschlossene Selbst der Individuen transzendieren, fördern ein Gespür für die Einheit und können harmonisch darauf hinwirken, diese Welt für alle Wesen zu einer besseren und mit mehr Mitgefühl durchtränkten Welt zu machen.

Deshalb ist es so, wie ich schon zuvor betont habe und immer wieder betonen werde, nämlich dass wir *alle* verlieren, wenn die Tiere und die unverdorbene Natur als Lebensgrundlage verlieren.

Wir müssen uns dem Schritt unserer Verwandten anpassen und dürfen sie nicht im tumultuarischen Gewoge der ungezügelten, selbstsüchtigen Zerstörung zurücklassen. Holismus, umfassendes Mitgefühl und universale Liebe müssen den unpersönlichen, kalten und scheinbar so objektiven Reduktionismus ersetzen, der die Individuen einander entfremdet, sie zu körperlosen Gespenstern macht und ihre Herzen, ihren Geist und ihre Seelen zerstückelt oder vernichtet.

Wir müssen uns auch mehr Zeit für das Spielen nehmen und uns am Leben freuen, so oft wir nur können. Das meine ich wirklich so! Auch wenn die Zeiten schlimm sind, ist es wichtig, »leichten Herzens« zu sein. Ich habe das Spiel der Tiere mehr als dreißig Jahre lang studiert und bin zu der Ansicht gelangt, dass es im Wesentlichen von fünf Faktoren gekennzeichnet ist: Geist, Symmetrie, Synchronizität, Heiligkeit und Beseeltheit. Der Geist des Spiels liegt offen vor allen da, die sehen wollen, wenn Tiere im Überschwang herumrennen und -purzeln, miteinander rangeln und sich gegenseitig umwerfen. Die Symmetrie und die synchronen Abläufe des Spiels zeigen sich in der Harmonie des gegenseitigen Einverständnisses, einander zu vertrauen; die einzelnen Tiere haben die gemeinsame Intention, miteinander zu kooperieren, um zu verhindern, dass aus dem harmlosen Spiel ernster Kampf wird. Dieses Vertrauen ist heilig. Schließlich hat das Spiel der Tiere eine große Tiefe, insofern die am Spiel Beteiligten so sehr darin versunken sind, dass sie selbst das Spiel werden und sind. Das Spiel ist also eine beseelte Aktivität – vielleicht sogar die Essenz eines individuellen Wesens in dem Moment, da es hingegeben aus tiefstem Herzen spielt. Wie Thomas von Aquin bemerkte, geht es beim Spiel um das Sein: es gibt kein »Warum« beim Spielen. Wenn wir mehr spielen – und damit der Führung der Tiere folgen, die wir so sehr mögen, wenn sie miteinander herumtollen –, werden wir in der Lage sein, den Problemen dieser Welt fest ins Auge zu sehen. Wenn wir mehr spielen, werden wir imstande sein, die Energie anzuzapfen, die wir benötigen, um größere gemeinsame Anstrengungen im Hinblick auf die Heilung einer tief verletzten Welt zu unternehmen. Das

Spiel ist ein ernstes Geschäft; es ermöglicht uns, die Flamme des Mitleids, der gegenseitigen Achtung und Liebe wieder anzufachen.

Es ist ohne weiteres möglich, die Tiere immer mehr zu lieben, ohne deswegen die Menschen weniger zu lieben. Unsere Motivation sollte die Liebe sein – nicht die Angst davor, was es bedeuten könnte, wenn wir die Tiere endlich als das lieben würden, was sie in Wirklichkeit sind.

Tiere sind nicht weniger wert als Menschen. Sie sind, was und wer sie nun einmal sind, und wir müssen sie so verstehen, wie sie in ihrer jeweiligen Welt stehen. Es kommt entscheidend darauf an, dass wir unsere Sache besser machen als unsere Vorfahren, und wir verfügen sicherlich über die dazu nötigen Ressourcen.

Die große Frage ist: Werden wir uns dazu entschließen, die aktive Verpflichtung einzugehen, diese Welt zu einem besseren Ort zu machen – zu einer Welt mit mehr Mitgefühl, in der tiefwurzelnde Beziehungen auf Gegenseitigkeit in Fülle existieren und durch Respekt, Sympathie, Würde, Anstand, Demut, Spiritualität und Liebe erhalten und gefördert werden, zu einer Welt, in der Liebe keine Mangelware ist, sondern ein reichlich vorhandenes gemeinsames Gut? Werden wir dies tun, bevor es zu spät ist? Ich hoffe, ja.

Die Arbeit von Jim Willis ist ganz zweifellos ein Schritt in die richtige Richtung. Jim hat das Herz am rechten Fleck, und ich hoffe aufrichtig, dass möglichst viele Menschen seinem selbstlosen Beispiel folgen werden.

Dr. Marc Bekoff ist Professor für Umwelt-, Populations- und organische Biologie an der Universität von Colorado in Boulder. Nach Feldforschungen u.a. in der Antarktis befasst er sich nun vermehrt mit kognitiver Ethologie. Er ist Autor und Herausgeber mehrerer Bücher.

Zusammen mit der Schimpansenforscherin Dr. Jane Goodall begründete er die Initiative *Ethologists for the Ethical Treatment of Animals, Citizens for Responsible Animal Behavior Studies (Ethologen für den ethischen Umgang mit Tieren, Bürger für verantwortungsbewusste Erforschung des Tierverhaltens)* *www.ethologicalethics.org*

# *Vorwort*

Als ich noch ein Kind war, erlaubten mir meine Eltern nicht, einen Hund oder eine Katze zu haben – einerseits aus finanziellen Gründen und andererseits weil meine Eltern körperlich behindert waren. Dennoch schloss ich Freundschaft mit allen Tieren, denen ich begegnete.

Meine Mutter dachte wohl, sie tue mir einen Gefallen, als sie den damaligen Direktor eines städtischen Tierheims dazu überredete, mich als Freiwilligen anzustellen. Ich war damals gerade vierzehn Jahre alt. Es sollte eine äußerst ernüchternde Erfahrung werden, denn ich verliebe ich mich in jedes Tier – nur um dann beobachten zu müssen, wie die meisten von ihnen in den rückwärtigen Teil des Gebäudes gebracht wurden, wo die Gaskammer platziert war. Und dann sah ich, wie die Körper meiner Tierfreunde in eine Gefriertruhe gepackt wurden, bis man sie zur städtischen Müllhalde karren konnte. Ich gelobte, dass ich eines Tages alles unternehmen wollte, was in meiner Macht stand, um den Tieren zu helfen, für sie die Stimme zu erheben und von ihrem Elend zu berichten.

Heute leben meine Frau Betty und ich mit mehr als drei Dutzend geretteten Tieren zusammen. Unsere Liebe hat sie verwandelt und geheilt; ihre Liebe hat uns zu etwas besseren Menschen gemacht – sie war und ist ein Segen für uns. Mit Tieren zu leben war eine bereichernde Erfahrung, die Augenblicke mit einschloss, in denen uns schier das Herz brach, und solche, in denen wir von Herzen lachten.

Wir hatten das Privileg, zusammen mit engagierten Menschen tätig zu sein, die schwer gearbeitet und keine Mühe gescheut haben, um Tieren zu helfen; viele von ihnen sind Freiwillige, deren Leistungen leider unterschätzt werden. Ein solcher Einsatz geht uns allen an die Substanz, in emotionaler wie auch finanzieller Hinsicht, aber die Tatsache, dass uns ein Hund die Hand abschleckt oder eine Katze schnurrt, Tiere, die nicht mehr in dieser Welt wären, wenn wir uns nicht um sie bemüht hätten, macht es die Anstrengung allemal wert.

Ich wünschte, ich könnte all denen danken, die mich inspiriert, ausgebildet, informiert, unterstützt oder mir bei meinen Bemühungen geholfen haben. Es gibt in meinem Leben fast gar nichts, was ich getan hätte ohne irgend jemandes Hilfe; deshalb könnte meine Liste mit Danksagungen mehrere Seiten lang werden und wäre immer noch unvollständig. Ich hoffe, die Menschen, die ein Teil meines Lebens und meiner Arbeit für die Tiere waren (und immer noch dazu gehören), wissen, dass sie geschätzt und in Ehren gehalten werden. Mein besonderer Dank gilt meiner Frau sowie Marianne und Norbert Wengerek von ComArt, die diese deutschsprachige Ausgabe eines (ersten) Teils meiner Texte möglich gemacht haben.

Im Namen der Tiere danke ich meinen Lesern für alles, was sie für unsere Mitgeschöpfe und unsere Welt getan haben und noch tun werden. Ich hoffe, Sie werden diese »leise Stimme der Seele« gerne hören und verstehen, was sie sagen will.

*Im Januar 2006*
*Jim Willis*

# Der Erlöser der Tiere

Ich betrachtete all die im Heim eingesperrten Tiere,
jene, die von der menschlichen Gesellschaft
verstoßen wurden.

In ihren Augen sah ich Liebe und Hoffnung,
Angst und Schrecken,
Trauer und Enttäuschung.

Und ich war zornig.
»Gott«, rief ich, »das ist entsetzlich!
Warum tust du nichts dagegen?«

Gott schwieg einen Augenblick
und dann sprach er leise:

»Ich habe etwas getan.
Ich habe *dich* geschaffen.«

# »Wie konntest du nur?«

Als ich noch ein Welpe war, unterhielt ich dich mit meinen Possen und brachte dich zum Lachen. Du nanntest mich dein Kind, und trotz einer Anzahl zerkauter Schuhe und so manchem verstümmelten Sofakissen wurde ich dein bester Freund. Immer wenn ich »böse« war, erhobst du deinen Finger und fragtest mich: »Wie konntest du nur?« Aber dann gabst du nach und drehtest mich auf den Rücken, um mir den Bauch zu kraulen.

Mit meiner Stubenreinheit dauerte es ein bisschen länger als erwartet, denn du warst furchtbar beschäftigt; aber zusammen bekamen wir das in den Griff. Ich erinnere mich an jene Nächte, in denen ich mich im Bett an dich kuschelte, du mir Deine Geheimnisse und Träume anvertrautest und ich glaubte, das Leben könnte nicht schöner sein. Gemeinsam machten wir lange Spaziergänge im Park, drehten Runden mit dem Auto und holten uns Eis; ich bekam immer nur die Waffel, denn »Eiskrem ist schlecht für Hunde«, sagtest du. Und ich döste stundenlang in der Sonne, während ich auf deine abendliche Rückkehr wartete.

Allmählich fingst du an, mehr Zeit mit deiner Arbeit und deiner Karriere zu verbringen – und auch damit, dir einen menschlichen Gefährten zu suchen. Ich wartete geduldig auf dich, tröstete dich über Liebeskummer und Enttäuschungen hinweg, tadelte dich niemals wegen schlechter Entscheidungen und überschlug mich vor Freude, wenn du heimkamst, und auch, als du dich verliebtest. Sie, jetzt deine Frau, ist kein »Hundemensch« – trotzdem hieß ich sie in unserem Heim willkommen, versuchte, ihr meine Zuneigung zu zeigen, und gehorchte ihr. Ich war glücklich, weil du glücklich warst.

Dann kamen die Menschenbabys, und ich teilte deine Aufregung darüber. Ich war fasziniert von ihrer rosa Haut und ihrem Geruch und wollte sie auch bemuttern. Nur dass du und deine Frau Angst hattet, ich könnte ihnen wehtun. So verbrachte ich die meiste Zeit verbannt in einem anderen Zimmer oder in meiner Hütte. Oh, wie sehr wollte auch ich die Kleinen lieben! Doch ich war ein »Gefangener der Liebe«.

Als sie heranwuchsen, wurde ich ihr Freund. Sie krallten sich in meinem Fell fest, zogen sich auf wackeligen Beinchen daran hoch, pieksten ihre Finger in meine Augen, inspizierten meine Ohren und gaben mir Küsse auf die Nase. Ich liebte alles an ihnen, liebte ihre Berührung, denn deine Berührungen waren selten geworden. Ich hätte die Kinder mit meinem Leben verteidigt, wenn es nötig gewesen wäre.

Ich kroch heimlich in ihre Betten, hörte ihren Sorgen und Träumen zu, und gemeinsam warteten wir auf das Geräusch deines Wagens in der Auffahrt. Es gab einmal eine Zeit, da zogst du auf die Frage, ob du einen Hund hättest, mein Foto aus der Brieftasche und erzähltest Geschichten über mich. In den letzten Jahren hast du nur noch mit »Ja« geantwortet und schnell das Thema gewechselt. Ich hatte mich von »deinem Hund« in »einen Hund« verwandelt, und jede Ausgabe für mich wurde dir zum Dorn im Auge.

Jetzt hast du neue Berufsaussichten in einer anderen Stadt, und ihr werdet in eine Wohnung ziehen, in der Haustiere nicht gestattet sind. Du hast die richtige Wahl für »deine« Familie getroffen – aber es gab einmal eine Zeit, da war ich deine einzige Familie.

Ich freute mich über die Autofahrt, bis wir am Tierheim ankamen. Es roch nach Hunden und Katzen, nach Angst und Hoffnungslosigkeit. Du fülltest die Formulare aus und sagtest: »Ich weiß, Sie werden ein gutes Zuhause für ihn finden.« Sie zuckten mit den Schultern und warfen dir einen gequälten Blick zu. Sie wissen, was einen Hund oder eine Katze »in mittleren Jahren« erwartet, auch wenn sie einen Stammbaum haben. Du musstest deinem Sohn jeden Finger einzeln vom Halsband lösen, als er schrie: »Nein, Papa! Bitte! Sie dürfen mir meinen Hund nicht wegnehmen!« Und ich machte mir Sorgen um ihn und um die Lektionen, die du ihm gerade beibrachtest – über Freundschaft und Loyalität, über Liebe und Verantwortung, über Respekt vor allem Leben. Zum Abschied hast du mir den Kopf getätschelt, den Blick in meine Augen gemieden und höflich auf das Halsband und die Leine verzichtet. Du hattest einen Termin einzuhalten – und nun habe ich auch einen.

Nachdem du fort warst, sagten die beiden netten Damen, du hättest wahrscheinlich schon seit Monaten von dem bevorstehenden Umzug gewusst und nichts unternommen, um ein gutes Zuhause für mich zu finden. Sie schüttelten den Kopf und dachten bei sich: »Wie konntest du nur?«

Hier im Tierheim kümmern sie sich um uns, so gut es eben geht. Natürlich werden wir gefüttert, aber ich habe meinen Appetit schon vor Tagen verloren. Anfangs rannte ich immer vor ans Gitter, sobald jemand an meinen Käfig kam, in der Hoffnung, das seist du, du habest deine Meinung geändert, all dies sei nur ein schlimmer Traum gewesen … Oder ich hoffte, dass es zumindest jemand wäre, der Interesse an mir hätte und mich retten könnte. Als ich einsah, dass ich nichts zu bieten hatte im Vergleich mit dem vergnügten Um-Aufmerksamkeit-Heischen unbeschwerter Welpen, die völlig ahnungslos waren, was ihr künftiges Schicksal betraf, zog ich mich in eine einsame Ecke zurück und wartete.

Ich hörte ihre Schritte, als sie am Ende des Tages kam, um mich zu holen, und trottete hinter ihr her den Gang entlang zu einem abgelegenen Raum – ein angenehm ruhiger Raum. Sie hob mich auf den Tisch, kraulte meine Ohren und sagte mir, alles sei in Ordnung. Mein Herz pochte vor Aufregung. Was würde jetzt wohl geschehen? Aber da war auch ein Gefühl der Erleichterung. Für den Gefangenen der Liebe war die Zeit abgelaufen. Meiner Natur gemäß war ich aber eher um sie besorgt. Ihre Aufgabe lastete schwer auf ihr – das spürte ich genauso, wie ich jede deiner Stimmungen erfühlt hatte.

Behutsam legte sie den Stauschlauch an meiner Vorderpfote an, während eine Träne über ihre Wange rann. Ich leckte ihre Hand, um sie zu trösten – genauso wie ich dich vor vielen Jahren getröstet hatte. Mit geübtem Griff führte sie die Nadel in meine Vene ein. Ich konnte den Einstich spüren, und eine kühle Flüssigkeit lief durch meinen Körper. Dann wurde ich schläfrig. Ich legte mich hin, blickte in ihre gütigen Augen und flüsterte:»Wie konntest du nur?«

Vielleicht verstand sie die Hundesprache und sagte deshalb:»Es tut mir ja so leid!« Sie umarmte mich und beeilte sich, mir zu erklären, es sei ihre Aufgabe, dafür zu sorgen, dass ich bald an einem besseren Ort wäre, wo ich weder ignoriert, noch missbraucht, noch ausgesetzt werden könnte und wo ich auch nicht auf mich allein gestellt sein würde – an einem Ort der Liebe und des Lichts, vollkommen anders als mein irdischer Platz.

Mit meiner letzten Kraft versuchte ich, ihr mit einem Klopfen meines Schwanzes zu verstehen zu geben, dass mein»Wie konntest du nur?« nicht ihr gegolten hatte. Du, mein geliebtes Herrchen, warst es, an den ich dachte. Ich werde immer an dich denken und auf dich warten.

Möge dir ein jeder in deinem Leben so viel Loyalität zeigen.

(Aus dem Amerikanischen von Elvira Rösch und Nicole Valentin-Willis. Überarbeitet von Marianne Wengerek.)

# Hör zu, mein Kind

Hör auf die Rufe der Tiere, Kind,
hör auf ihre Herzen.
Habe Verständnis für ihr Wesen, Kind,
für die Schönheit, die sich uns zeigt.

Eine Welt ohne sie, Kind,
wäre öde, leer und grau.
Wir müssen kämpfen, um sie zu retten, Kind,
denn nur Menschen können für sie sprechen.

Sie können uns vieles lehren, Kind –
ein Leben ohne Sünde,
eines interessanter als das andere
und alle dem unseren ähnlich.

Sie waren als Geschenk gedacht, Kind,
das manche nicht beachten wollten.
Sei dankbar, dass wir sie haben, Kind,
um ihretwillen, ich beschwöre dich!

Es gibt solche, die sie töten, Kind,
getrieben von menschlicher Gier,
doch gütige Geister werden obsiegen, Kind,
weil wir die Nöte der Tiere verstehen.

Deine Fragen sind berechtigt, Kind,
und deine Sorgen angebracht.
Die Tiere verdienen es nicht zu sterben, Kind,
und nur du kannst ihnen dies Schicksal ersparen.

# Zur Entstehung
# der Basset-Chronik

Die »Basset-Chronik« besteht aus einer lockeren Folge von Geschichten, die ich zum eigenen Vergnügen schrieb, aber auch zur Unterhaltung unserer vielen Freunde in der Welt der Basset-Hound-Rettungsorganisationen, insbesondere zur Erheiterung der Abonnenten eines E-Mail-Rundbriefs (»Daily Drool«). Die unangefochtene Königin der Geschichten ist unsere einfarbig zobelbraune Bassethündin Alexis. »Zobelbraun« ist zwar keine gewöhnliche oder anerkannte Basset-Farbe, doch andererseits – es gibt nicht vieles an Alexis, das »gewöhnlich« ist.

Wir adoptierten ihre königliche zobelbraune Hoheit, als ihre vorherige Besitzerin behauptete, sie habe sich eine Krankheit zugezogen, die es ihr unmöglich mache, die Hündin noch länger bei sich zu behalten. Obwohl die Frau sagte, sie könne den Gedanken kaum ertragen, Alexis aufzugeben, hörten wir nie wieder ein Wörtchen von ihr, nachdem wir Alexis aufgenommen hatten.

Seit wir Alexis so kennen und lieben, wie wir es nun einmal tun, sind wir sicher, dass die Vorbesitzerin das Land fluchtartig verlassen haben muss. Wir sind aber eigentlich nicht einmal ganz sicher, dass Alexis ein Hund ist: Sie könnte geradesogut ein Alien von einem anderen Planeten sein.

Weitere Charaktere, die in den Erzählungen der »Basset-Chronik« auftauchen, sind unsere beiden deutschen Bassethunde, Winnie und Flash, sowie die Bassets, die wir in Amerika gerettet haben – Gabriel, Gallagher, Hyacinth und die windeltragende Daphne. Daphne haben wir adoptiert, als sie dreizehn Jahre alt war. Ferner gehören verschiedene andere Tiere dazu, die unser Leben interessant und abwechslungsreich machen.

# Meine Reise mit Rosco
# (aus der Basset-Chronik)

Ich hatte angeboten, mich am Transport von Rosco zu beteiligen. Rosco war ein geretteter Bassethund, der von Freiwilligen in einer Art Stafette zu seinem neuen Zuhause in einem anderen Bundesstaat gefahren wurde. Früh an einem Sonntagmorgen brach ich auf, um die Frau, die den ersten Stafettenabschnitt übernommen hatte, auf dem Parkplatz eines Schnellimbissrestaurants zu treffen. Sie und Roscos »Pflegemutter« aus West Virginia waren schon da, als ich ankam, und Rosco begrüßte mich wie einen alten Freund. Er war ein hübsch gezeichneter dreifarbiger Hund, und sein wunderbares Temperament ließ in keiner Weise darauf schließen, dass er die ersten drei Jahre seines Lebens vernachlässigt worden war. Wir Menschen verbrachten die obligatorische halbe Stunde damit, Geschichten über unsere großartigen Hunde auszutauschen und einander die dazu gehörenden Fotos zu zeigen.

»Übrigens, wie benimmt er sich im Auto?«, fragte ich, als sich die beiden Frauen zum Aufbruch rüsteten.

»Einfach prima!«, antworteten sie unisono und brausten davon – mit Tränen in den Augen. Weinten sie oder lachten sie?

Ich war gewarnt worden, dass es Rosco im Auto übel werde, dass er seit dem letzten Abend nicht mehr gefüttert worden sei und vor der Abfahrt eine Dosis Dramamine (ein Mittel gegen See- und Reisekrankheit) bekommen habe. Ich beschloss, ihm nichts von den Hundekeksen zu geben. Er saß also da in der Fahrerkabine meines Lieferwagens und betrachtete mich gelassen von der Beifahrerseite aus.

Ich fädelte mich auf die Interstate-Autobahn ein und erreichte bald die Reisegeschwindigkeit. Rosco begann, die Fahrerkabine zu untersuchen. Er beschnüffelte und betastete all die Vorratsbehälter, den Aschenbecher und verschiedene Teile meiner Anatomie. Er war offensichtlich hungrig. Mein Blick ging zwischen der Straße und Rosco hin und her.

»Rosco, spuck das aus! Das ist ein Luftreiniger, um Himmels Willen!«

Ich lenkte mit der linken Hand und versuchte mit der rechten, alles zu entfernen, was irgendwie nach Essbarem aussah. Rosco sabberte lange Sabberfäden, reichlich Sabberschleim.

Rosco nahm wieder Platz und warf mir einen abschätzenden Blick zu. Plötzlich huschte ein verzückter Ausdruck über sein Gesicht. Nicht nur war ich sein neuer bester Freund, sondern ich hatte auch einen Lieferwagen, und das machte uns, nach den Maßstäben von Rosco aus West Virginia, zu verwandten Seelen. Obwohl er vor einigen Tagen kastriert worden war, kam es offenbar plötzlich zu einem Hormonausstoß. Er stürzte sich auf mich, schlabberte mir das Gesicht ab, dass meine Brille ganz schief saß, und seine Vorderpfoten umklammerten meinen Hals in einer Art Würgegriff. Dann stieß er mit der Hinterpfote den Becher der Thermosflasche mit kochend heißem Kaffee in meinen Schoß.

»Aaaaaauuuuaaaa!!«

*Rotierendes Blaulicht hinter mir.*

»Nein, Herr Wachtmeister, ich habe nicht getrunken«, protestierte ich nervös. »Dieser verdam … nette Hund hat eben bei 130 Stundenkilometern eine Tasse heißen Kaffee über mich ausgeleert. Was Sie nicht sagen! Nur 85 Kilometer pro Stunde, echt? Nun ja, wirklich gut, das zu wissen!«

Ich manövrierte durch den dreispurigen Verkehr auf der Umgehungsstraße von Pittsburgh. Diese Fahrtstrecke entsprach nicht dem, was ich beabsichtigt hatte. Tatsächlich fuhren wir sogar in die falsche Richtung, aber Rosco hatte die letzte Ausfahrt ausgewählt — mit einem zeitlich perfekt abgestimmten Stoß seiner Schnauze durch die Speichen des Lenkrads. Bei hoher Geschwindigkeit wechselte ich die Spuren, denn ich versuchte, wieder auf die richtige Strecke zu kommen, und ich nahm irgendwelche Hinweisschilder in Hellorange wahr. »Kein Alkohol am Steuer!«, hieß es auf einem, und: »Nehmen Sie sich vor aggressiven Fahrern in Acht!« auf dem nächsten.

»Das ist doch wirklich eine höchst lächerliche Situation«, murmelte ich vor mich hin.

Genau in diesem Augenblick warf sich Rosco im Zustand einer gewissen Erregung auf den Rücken, um sich den Bauch kraulen zu lassen, und als ich nach dem Hebel der Gangschaltung griff, erwischte ich stattdessen eine Körperteil von Rosco, auf den er offenbar sehr stolz war. Rosco war über eine solche Vertraulichkeit seitens einer Person, die er vor knapp einer Stunde noch gar nicht gekannt hatte, wohl noch mehr überrascht. In meinem Schrecken riss ich das Lenkrad nach rechts und drängte einen Kleinbus mit Kirchgängern von der Straße ab. Ich verlangsamte die Fahrt gerade lange genug, um ihnen die Gelegenheit zu geben, drohend mit ihren Bibeln zu fuchteln und einige sehr unchristliche Gefühle – so schloss ich jedenfalls aus ihren Mienen – zum Ausdruck zu bringen.

*Rotierendes Blaulicht hinter mir, schon wieder.*

»Nein, Herr Wachtmeister, ich bin nicht betrunken. Nein, es ist auch nicht auf mich geschossen worden. Der Hund und ich, wir hatten vorhin eine kleine Auseinandersetzung wegen eines Donuts mit Marmeladenfüllung, und er hat gewonnen.«

Ich fand den Weg zurück auf die Interstate-Autobahn, und wurde bald von Durst überwältigt. Also nahm ich die nächste Ausfahrt und steuerte einen McDonalds-Autoschalter an.

»Oh, wie niedlisch«, lispelte die Frau neben dem Fenster meines Lieferwagens, »möschte daf kleine Hundsche vielleisch ein paar Pommef haben?«

»Nein-nein-nein … seekrank … kein Futter!«, konnte ich gerade noch stammeln, während ich mit Rosco, der plötzlich sehr munter geworden war, einen Ringkampf vollführte. Dann machte Rosco, der meine Leisten als Sprungbrett benutzte, einen Satz zum Fenster des Schalters, und es gelang ihm tatsächlich, sich mit der vorderen Körperhälfte halb hineinzuzwängen. Da ich noch zwei von den Teilen hatte, die bei Rosco kürzlich einem chirurgischen Eingriff zum Opfer gefallen waren, war ich mehr mit meinen Schmerzen als damit beschäftigt, seinen Raubzug durch das Fenster zu unterbinden. Rosco nahm das Mikrofon der Frau in sein schlabberndes Sabbermaul.

»Blabb-Wuuffarr-Barrlllfa-Schllllrrpaa-Aarrruuuhh!«

So etwa sprach Rosco mit seiner sonoren Stimme ins Mikrofon, und das kam mit etwa hundert Dezibel im Speiserestaurant an, begleitet von den Schreien der Kinder.

»O je, ach du meine Güte!« Die Frau wandte sich mir wieder zu, mit erschrecktem Gesichtsausdruck. »Wird schwierisch werden, daf fauber fu machen.«

»Was?«, fragte ich, immer noch nach Luft ringend.

Glückliche Mahlzeiten für glückliche Kinder! – mit diesem Werbeslogan schien es für den Moment vorbei zu sein. »Waf werden die Leute denken! Fie vergraulen unfere Gäfte, mein Herr …«,

»Schauen Sie – ich überlasse Sie Ihrem McDesaster … geben Sie mir einfach ein Coke mit extra viel Eis, bitte sehr.«

Ich drängelte mich wieder auf die Interstate-Autobahn und sah nach der Uhrzeit. Spät dran, wie üblich. Ich konzentrierte mich auf den Versuch, die Verspätung wieder etwas aufzuholen, und überholte spurenwechselnd langsamere Fahrzeuge. Mein Oberschenkel brannte noch vom heißen Kaffee, und ich spürte, wie Kopfschmerzen im Anzug waren.

Herr Dr. Rosco, der meine Schmerzen irgendwie mitempfunden haben musste, entschied sich für eine spezielle Behandlungsmethode, und mein Schoß war plötzlich mit eiskaltem Cola überflutet.

»Iiiiiik!«, kreischte ich, und mein Lieferwagen kam ins Schlingern. »Iiiiiik!«, kreischte die Frau im nächsten Auto. Rosco mit seinem überlegenen Gehör nahm wahrscheinlich noch einige weitere »Iiiiiik!«-Rufe in anderen Autos hinter uns wahr. Möglicherweise entdeckte seine feine Hundenase sogar noch andere Peinlichkeiten.

*Hinter mir das altbekannte, vertraute Blaulicht.*

»Nein, Herr Wachtmeister, wie ich Ihren Kollegen schon den ganzen Vormittag sagte: Ich habe nicht getrunken!«

Während der Streifenbeamte noch einen weiteren Strafzettel ausstellte, erinnerte ich mich daran, dass Roscos früherer Besitzer gedroht hatte. ihn zu erschießen, und plötzlich verspürte ich ein klein wenig mehr Neigung, dem Mann gegenüber etwas Nachsicht zu zeigen.

Wir trafen die gut gelaunte dreiköpfige Familie, die Rosco für den nächsten Abschnitt seiner Reise übernehmen sollte, ebenfalls auf dem Parkplatz eines Schnellimbissrestaurants. Ich stieg aus meinem Lieferwagen aus – und was für einen Anblick ich bot! Meine Haare waren vom Gesabber speichenförmig zusammmengeklebt und standen vom Kopf ab, mehrfarbige Flecken waren über mein Hemd verteilt und die Vorderseite meiner Hosen ließ mich aussehen wie den Kerl, der auf einem Werbeplakat für die neuen Inkontinenzwindeln posierte. Menschen, die eben aus den Rettungsbooten der Titanic ausgestiegen waren, hatten wahrscheinlich bedeutend gepflegter ausgesehen als ich. Ich ließ Rosco durch die Tür der Beifahrerseite aussteigen, und er begrüßte seine neuen Opfer mit hämischer Freude. Die Eltern verbargen ihre kleine Tochter schützend hinter sich, während wir uns unterhielten.

»Also, lass' mal sehen, ich glaube, wir haben jetzt alles: Nachweis der Tollwutimpfung, tierärztliche Unterlagen, Wegbeschreibung«, sagte die Frau.

»Sie haben nicht zufällig einen Taucheranzug eingepackt, oder doch?«, fragte ich unschuldig.

Sie sah mich wieder etwas merkwürdig an.

»Wie ist er im Auto?«, fragte sie.

»Er? Ähm, er ist, äh … auf jeden Fall ein Hund, der seinesgleichen sucht!«, sagte ich im Versuch, möglichst wahrheitsgemäß zu antworten.

»Wissen Sie, ob es hier in der Nähe eine Bar gibt?«, fragte ich. Sie warfen sich beredte Blicke zu und sahen mich dann mitleidig an.

Ich schaffte es, ohne weitere Zwischenfälle nach Haus zu kommen, und meine Frau empfing mich an der Tür.

»Wie war dein Abschnitt der Reise, mein Lieber?«, fragte sie.

»Feucht, sehr feucht – und auch teuer. Ich glaube tatsächlich, dass ich für einige Zeit hinter Gittern landen könnte.«

Nichts kann meine Frau nervös machen.

»Sieht das Innere des Lieferwagens so übel aus wie du?«, fragte sie.

»Schlimmer«, antwortete ich, »im Sea-World-Park gibt es weniger Überraschungen.«

»Jetzt mal im Ernst. Warum hast du ihn nicht in eine Transportbox getan und auf den überdeckten Teil der Ladefläche gestellt?«, fragte sie.

»Eine Transportbox? Auf der Ladefläche? Bist du noch bei Trost? – Es ist doch kalt da hinten! Naja, lass' gut sein. Ich leg mich jetzt erst mal aufs Ohr. Ich bin völlig erschöpft und habe das Gefühl, eine Schimmelattacke ist im Anzug.«

Ich umarmte mein Kissen und dachte an Rosco, der inzwischen wahrscheinlich warm und trocken in seinem neuen Zuhause angekommen war. Mir wurde bewusst, dass ich das große Schlappohr vermisste, aber zumindest war nun zu guter Letzt in seiner vollgesabberten Welt alles in Ordnung.

# Thanksgiving
# (aus der Basset-Chronik)

Es war am Morgen des Thanksgiving-Tages. Die meisten der Tiere hielten nach ihrem Frühstück ein Schläfchen. Die Bassets hatten sich verteilt: Winnie und Flash schlummerten auf ihren Kissen im Wohnzimmer, Daphne wanderte ziellos im Hof umher, und Alexis durchstreifte ein Zimmer nach dem anderen und hielt Ausschau nach Katzen, die gejagt werden mussten, oder nach Wollmäusen, die es zu erlegen galt. Sie watschelte hinter mir in die Küche und trällerte etwas vor sich hin (»... wisset, wasset, ich bin doch der schönste Basset ...«), als sie den Truthahn erspähte, den ich auf dem Küchentisch gerade füllte.

»Iiigitt! Oh je! Ach du meine Güte! Er hat dem alten Basset das Fell abgezogen!«, schrillte sie, und meinte damit die alte Daphne.

»Alexis, sei nicht albern! Das hier ist ein Vogel. Das ist das, was Menschen in Amerika am Thanksgiving-Tag eben essen. Der Truthahn ist für unsere Gäste, und ich mache jetzt die Füllung«, erklärte ich.

»Womit?«, fragte sie.

»Die Füllung besteht aus alten Brotkrümeln, Gemüsebrühe, Kräutern und Gewürzen. Wenn ihr euch heute alle ordentlich benehmt, bekommt ihr vielleicht zum Abendessen etwas von der Füllung ab.«

»Oh, ich werde die Minuten zählen, bis ich endlich etwas von den ollen Brotkrümeln verkosten kann, die du einem Vogel hinten 'reingeschoben hast«, antwortete sie.

»Red' nicht solchen Unsinn. Übrigens weißt du doch, dass wir hier in Amerika keine Hunde essen.«

»So? Und was ist mit diesen ›Hot Dogs‹, von denen ich gehört habe?«, fragte sie misstrauisch.

»Die heißen nur ›Hot Dogs‹ – sie werden aus Schweinelippen, Schafseingeweiden, Kuhaugenlidern und anderen bekömmlichen Nebenprodukten der Fleischindustrie hergestellt«, sagte ich.

»Hamm-hamm«, sagte Alexis, wahrscheinlich meinte sie es sogar ernst.

»Alexis, versuche heute einmal, dich von deiner besten Seite zu zeigen, und bleib von meinen Haaren weg. Am heutigen Tag sollten wir dessen gedenken, womit wir gesegnet wurden, und dankbar sein. Vielleicht solltest du auch mal nachdenken, wofür du dankbar sein könntest.«

»Hmm. Naja, ich bin dankbar dafür, dass ich die allerschönste Bassethündin der Welt bin. Dass ich der einzige zobelbraune Basset der Welt bin. Dass ich der klügste Basset der Welt bin. Dass …«

»Das reicht jetzt! Du bist unglaublich eingebildet. Warum gehst du nicht zu Winnie und Flash und machst auch ein Nickerchen?«

»Zu den Sauerkraut-Zwillingen? Nein danke.«

[Anm. d. Ü.: »Sauerkraut« oder »Kraut« ist in den USA und in GB eine scherzhafte Bezeichnung für Deutsche.]

»Oh, so schlimm sind sie auch nicht. Sie sind einfach sehr stolz auf ihre deutsche Abstammung.«

»Stolz? Was ich auch sage, Flash antwortet immer nur: ›Hmm pfff!‹, und was ich auch vorschlage, Winnie sagt: ›Das is aba nich die Art, wie wia in Doitschland das machen.‹ Ich hab’ das richtig satt.«

»Dann geh’ doch in den Hof hinaus zu Daphne«, schlug ich vor.

»Na klar. Diese Hündin hört niemals auf, hin und her zu tigern, und sie sieht praktisch gar nichts. Jedesmal, wenn ich in der Sonne einschlafe, stolpert sie über mich, oder sie bellt ohne Ende wegen gar nichts.«

»Ich glaube nicht, dass sie wegen gar nichts bellt«, sagte ich.

»Vielleicht sieht sie einen Jäger oder einen Fremden, oder sie meint, ein Eindringling sei da.«

»Eindringling? Daphne würde keinen Eindringling erkennen, selbst wenn einer mitten in ihrem Fressnapf stünde. Und noch etwas anderes: Wie kommt es, dass sie immer diese Sonderbehandlung genießt? Windeln, spezielles Futter, ihr eigenes Bett und so weiter? Ganz zu schweigen von all den Koseworten wie zum Beispiel ›Papas kleiner Kürbis‹.«

»Sie ist mein kleiner Kürbis, und wenn man ihr Alter in Betracht zieht, verdient sie eben ein bisschen Sonderbehandlung. Jetzt hau ab, und lass' mich mit dem Essen weitermachen, damit ich auch einmal fertig werde.«

Alexis verzog sich schmollend durch die Hundeklappe, und aus dem Küchenfenster konnte ich beobachten, wie sie in Laubhaufen wühlte und die schlafenden Hunde umkreiste, bevor sie ihren Kopf in den Wassereimer tauchte und dann sogleich ins Haus zurücklief, um den bequemsten Platz auf dem Sofa einzunehmen. Ich schüttelte den Kopf und wischte mit einem Schwamm die Spur auf, die sie hinterlassen hatte. Dann fuhr ich mit den Vorbereitungen für das Essen fort.

Ich war gerade dabei, den Kürbiskuchen in den Backofen zu schieben, als Alexis aus ihrem Schlummer erwachte und schläfrig in die Küche trottete.

»Was'n das?«, fragte sie und gähnte.

»Kürbiskuchen zum Nachtisch«, antwortete ich.

Ein entsetzter Ausdruck zeigte sich auf ihrem Gesicht.

»Aaaaah! Mörder! Rennt um euer Leben … er hat das alte Hundemädchen zu Kuchen verarbeitet!«

Ihr Ausbruch weckte Flash. »Hmmpfff!«, grunzte der und hob seinen Kopf ein wenig an, um ihn gleich wieder abzulegen. Auch Winnie blinzelte verschlafen und murmelte: »Das is aba nich die Art, wie wia in Doitschland das machen«, und schon schlummerte sie weiter. Daphne setzte ihren endlosen Patrouillengang im Hof fort.

Ich hörte das Geräusch der Hundeklappe hinter mir und drehte mich gerade noch schnell genug um, um Alexis mit etwas Blau-Weißem verschwinden zu sehen.

»Alexis! Gib mir das veflixte Küchentuch zurück!«, brüllte ich und nahm die Verfolgung auf – natürlich mit dankbaren Gefühlen, wie es sich an diesem Tag gehörte.

# Ein Kätzchen für fünf Dollar (aus der Basset-Chronik)

Es war schon fast dunkel, als ich zur vorderen Gartentür hinausging, mit meinem Sheltie ›Sadie‹ an der Seite und die Arme voll beladen mit Leckereien und einer leichten Decke für mein Pferd ›Cynnamon‹.

»Wie kommt es, dass immer nur Sadie mit dir in den Stall geht und ich nicht?«, fragte Alexis durch die Zaunlatten hindurch.

»Weil Sadie weiß, wie man sich in der Nähe von Pferden zu benehmen hat. Du hingegen verursachst Panik und löst Stampeden aus, wenn es dir zu langweilig wird.«

»Ich kann doch nichts dafür, wenn Pferde einfach nicht …«

Aber Alexis wurde durch den Lärm eines klapprigen Autos unterbrochen, das fauchend und knatternd unsere Auffahrt heraufkam. Das Kaniden-Frühwarnsystem raste an den Zaun und begann zu jaulen. Ein alter Mann stieg etwas ängstlich aus seinem Vehikel aus.

»Sie sind der Mann, der Tiere rettet?«, fragte er, und ich musste ein wenig schmunzeln, während die Menagerie hinter mir Anstalten machte, den Maschendrahtzaun zu überklettern.

»Ich hab' einen kleinen Kater im Kofferraum«, sagte er. »Ich kann ihn nicht behalten. Ein gewisser Mister Carney weiter unten an der Straße wollte ihn auch nicht haben, er sagte, er wolle nur Kätzinnen und das sei ein Junge. Meinte, Sie würden ihn vielleicht nehmen.«

Ich starrte das rostige Metall des Kofferraumdeckels an und überlegte, dass mein Gespräch mit Mister Carney über seine Katzenproduktion offenbar nur halb so wirkungsvoll gewesen war, wie ich gehofft hatte. Der alte Mann entriegelte den Kofferraum und hob einen Pappkarton heraus. Ein winzigschwaches Miauen war zu vernehmen, und er klappte den Karton auf und holte ein kleines,

graues, flauschiges Etwas heraus. Das etwa sieben Wochen alte
Kätzchen blinzelte, als sich einige Schneeflocken auf seine Schnurrhaare setzten.

»Ich habe ihm Milch gegeben, aber ich kann kaum die Lebens-
mittel für mich selbst kaufen«, sagte der Mann. »Ich will nicht, dass
der Kleine umgebracht wird. Nehmen Sie ihn? Ich bitte Sie.«
Ich nahm das Kätzchen und schob es unter mein Hemd; es begann zu schnurren und ich nickte ein »Ja«. Dann sah ich mir den
Mann etwas genauer an, seine abgetragenen Kleidungsstücke und
sein verbeultes Auto. Vielleicht dachte er, ich würde meinen, er be-
säße mehr, als er tatsächlich zum Leben hatte.

»Ich kann's mir nicht leisten, Ihnen Geld zu geben«, sagte er. »Ich
wäre froh, wenn ich's könnte, aber ich kann nicht.«

»Das ist schon in Ordnung«, antwortete ich. »Wir passen schon
gut auf diesen kleinen Kerl auf; er wird kastriert, und dann vermit-
teln wir ihn an ein gutes neues Zuhause.«

Der alte Mann nickte zufrieden. Ich wünschte ihm einen schönen Abend und wendete mich ab, um das Kätzchen ins Haus zu
bringen. Aber dann drehte ich mich doch wieder zu dem Mann
um, zog eine Fünf-Dollar-Note aus meiner Hemdtasche und
stopfte sie in die seine. »Für Ihre Bemühungen. Danke, dass Sie
sich um den Kleinen gekümmert haben.«

Der alte Mann nickte zum Zeichen seiner Dankbarkeit und kletterte steif in sein Auto. Wir wechselten einen letzten wissenden
Blick, der besagte, dass wir beide in einer ländlichen Gegend, in der
»alle richtigen Männer Katzenfeinde sind«, als Versager galten. Ich
schaute zu, wie er davonfuhr, und ich spürte, wie sich das Kätzchen
an meine Brust schmiegte. Ich empfand ein warmes Gefühl, und es
war einer der Augenblicke, die mit dem Nektar menschlicher Güte
erfüllt sind.

Alexis starrte mich giftig an, dann sprang sie mit einem Satz die
Verandastufen hinauf und schoss durch die Hundeklappe.

»Mammah! Das Geld, das du Papa gegeben hast, um Milch zu
kaufen, ist weg, denn er hat eben einem alten Opa so ein armseli-
ges kleines Katzenvieh abgekauft!«

# Weisheit der Werte

Wenn etwas mehr kostet, als du dir leisten kannst,
ist es das wahrscheinlich nicht wert.
Wenn etwas das Leben eines Menschen leichter macht,
ist es das wert.
Wenn du das Gefühl hast, etwas sauge dir die Seele aus,
ist es das nicht wert.
Wenn du das Gefühl hast, du lerntest etwas dabei,
ist es das wert.

Wenn sie niemals pünktlich sind, meinen sie vielleicht,
du seist es nicht wert.
Wenn sie deinen Geburtstag vergessen, meinen sie bestimmt,
du seist es nicht wert.
Wenn sie dir ohne Grund etwas schenken, meinen sie,
du seist es mehr als wert.
Wenn du immer gibst und sie immer nur nehmen,
ist es das nicht wert.

Wenn sie sich melden, um sich zu erkundigen,
wie es dir geht,
und nicht bloß erzählen wollen,
wie es ihnen selbst geht,
wenn sie deine Entscheidungen mittragen,
sogar die, mit denen sie nicht einverstanden sind
oder die sie nicht ganz verstehen,
dann sind sie wahre Freunde,
und sie sind es wert.

Wenn du sie in einem besseren Zustand zurücklässt
als in dem, in dem du sie vorgefunden hast,
war es das wert.

Wenn du das verdiente Geld gut und sinnvoll nutzt,
ist es das wahrscheinlich wert.
Wenn es bedeutet, dass irgendein Wesen getötet wird,
ist es das nicht wert.
Wenn es bedeutet, dass ein Leben gerettet wird,
ist es das immer wert.
Wenn es die Lebensqualität nicht wiederherstellt,
ist es das vielleicht nicht wert.
Wenn es deine Gesundheit schädigt,
ist es das nicht wert.

Wenn du Zeit verschwendet hast, aber dich dann besser fühlst,
war es das wert.
Wenn du Mut gebraucht hast, etwas zu tun,
auch wenn du gescheitert bist,
war es das wert.
Wenn du das Gefühl bekommen hast,
du warst besser als du geglaubt hast, sein zu können,
war es das wert.
Wenn etwas von einer gelegentlichen Beschäftigung
zu einer Sache geworden ist, die dein Leben beherrscht,
und wenn es anderen nicht hilft,
ist es das wahrscheinlich nicht wert.
Wenn du jemandem geholfen hast,
der sich selbst nicht helfen konnte,
war es das wert.
Wenn sich die andere Person weigert,
sich selbst zu helfen,
ist es das wahrscheinlich nicht wert.

Wenn es dich danach verlangt,
etwas Unfreundliches zu sagen,
ist es das nicht wert.
Wenn das Rechthaben in einem Streit wichtiger ist
als herauszufinden,

warum der andere Mensch glaubt, was er glaubt,
ist es das nicht wert.
Wenn es deine Umwelt verbessert,
ist es das wert.
Wenn es die Umwelt schädigt,
ist es das nicht wert.
Wenn es dazu dienen soll, etwas über deinen Status auszusagen,
ist es das nicht wert.

Wenn du lügen musstest,
war es das wahrscheinlich nicht wert.
Wenn du jemandem verletzte Gefühle erspart hast,
war es das wahrscheinlich wert.
Wenn du jemandem ein Kompliment gemacht hast,
war es das für beide wert.
Wenn du jemand überreden musstest,
etwas zu tun, was er nicht für richtig erachtete,
war es das wahrscheinlich für keinen der beiden wert.

Wenn es nur um physischen Genuß ging,
war es das wahrscheinlich nicht wert.
Wie einfach auch immer –
wenn du etwas Erbauliches daran gefunden hast,
war es das wert.
Wenn es die Kommunikation verbessert hat,
war es das wert.
Wenn der einzige Grund, etwas zu tun,
im finanziellen Profit besteht,
ist es das wahrscheinlich nicht wert.
Wenn es dir das Gefühl gibt, schön zu sein,
ist es das wert.
Wenn du nachts besser schläfst, weil du es tust oder getan hast,
ist es das wert.
Wenn es der Grund ist, dass du nachts wach im Bett liegst,
ist es das nicht wert.

Wenn es die Beziehung zu deinem Partner zerstört,
ist es das nicht wert –
oder der Partner ist es nicht wert.
Wenn es ehrenhaft ist, dies zu tun,
obwohl es schwer ist,
ist es das wert.

Wenn jemand dir sagt,
du habest keinen Wert,
so ist er im Unrecht,
Du hast Wert.

# Kezchen zu vergeben

Das Schild an dem Pfosten, an dem der Briefkasten angebracht
war, bestand nur aus einem Stück Pappe, und darauf stand in
krakeliger Schrift:»Kezchen zu vergeben.« Es war zwei- oder drei-
mal pro Jahr zu sehen, mal waren die Worte auf die eine, mal auf
die andere Weise falsch geschrieben, aber der Inhalt war immer der-
selbe.

In einer Ecke der Veranda auf der Rückseite des Bauernhauses
stand ein Pappkarton mit einem schmutzigen Handtuch darin; auf
dem Handtuch wuselten etliche Kätzchen von verschiedener Farbe
herum oder kuschelten sich aneinander, sie miauten und blinzelten
und warteten darauf, dass ihre Mama von der Jagd auf den Feldern
zurückkehrte. Die Katzenmutter brachte es fertig, während der ersten Wochen noch genug Interesse für die Jungen aufzubringen,
aber nach zwei oder drei Würfen pro Jahr war sie ziemlich aus-
gelaugt, und ihre Milch reichte kaum so lange, dass ihre Babys
überleben konnten.

Vereinzelt tauchten in den nächsten paar Tagen Leute auf, und
sie alle nahmen jeweils ein Kätzchen mit. Bevor sie wieder gingen,
sagte die Frau, die auf dem Hof lebte, immer dasselbe:»Sorgen Sie
dafür, dass diese hier ein gutes Zuhause bekommt – sie ist mir
schon sehr ans Herz gewachsen.«

Eines nach dem anderen fuhren die Kätzchen mit ihren neuen
Menschen die lange Auffahrt zur Straße zurück und vorbei an dem
Schild am Pfosten des Briefkastens:»Kezchen zu vergeben.«

Das gelb-rote weibliche Kätzchen wurde als erstes ausgesucht.
Die neue vierjährige Besitzerin liebte es sehr, aber das kleine
Mädchen verletzte unabsichtlich die Schulter des Kätzchens, als sie
es falsch anfasste und hochhob. Man konnte dem Kind wirklich
keine Schuld geben, denn kein Erwachsener hatte ihm gezeigt, wie

man richtig mit einem Kätzchen umgeht. Die Kleine hatte das Kätzchen »Ginger« genannt, und sie war sehr traurig, als ein paar Wochen später ihr älterer Bruder und dessen Freunde im Wohnzimmer spielten, jemand von ihnen sich versehentlich auf das Kätzchen setzte und es erdrückte.

Das einfarbige weiße Katerchen mit den blauen Augen verließ den Hof als nächster, mit einem jungen Paar. Bevor die Menschen noch die Verandatreppen hinuntergegangen waren, verkündeten sie, sein Name werde »Schneeweißchen« sein. Unglücklicherweise lernte er seinen Namen nie; man hatte ihm so wenig Aufmerksamkeit geschenkt, dass niemand seine Taubheit bemerkte. Bei seinem ersten Ausflug ins Freie wurde er in der Einfahrt von einem Postauto überrollt.

Die hübsche grauweiße Kätzin wurde geholt, um auf einem Bauernhof in der Gegend als Mäusefängerin zu leben. Ihre Leute nannten sie »die Katz«, und wie ihre Mutter und ihre Großmutter vor ihr brachte sie viele, viele Kätzchen zur Welt, die auch »zu vergeben« waren, aber sie verlor dabei ihre Energie. Schließlich wurde sie krank und starb, bevor die Kätzchen ihres letzten Wurfs entwöhnt waren.

Ein anderes Brüderchen war ein schöner roter Tiger. Seine Besitzerin liebte ihn so sehr, dass sie ihn überall hin mitnahm; er sollte all ihre Freunde und ihre Familie und deren Katzen kennen lernen, und jeder stimmte zu, dass »Erik« ein hübsches Kerlchen war. Nur hatte seine Besitzerin sich nicht die Mühe gemacht, ihn impfen zu lassen. Sie gab alles Geld aus, das sie auf ihrem Bankkonto hatte, um seine Behandlung zu bezahlen, als er krank wurde, aber eines Tages schüttelte der Tierarzt nur noch den Kopf und sagte: »Tut mir leid. Ich kann nichts mehr für ihn tun.«

Das pechschwarze Katerchen wuchs zu einem wirklich stattlichen Burschen heran. Der Mann, der ihn zu sich nahm, zog kurz darauf um und ließ »Tommy« einfach zurück. Der Kater durchstreifte die Gegend, verteidigte sein Territorium und wurde Vater von vielen Kätzchen, bis ihn eines Tages ein bulliger Hund in die Ecke trieb und zu fassen bekam.

Die kleine schwarzweiße Kätzin fand ein wunderbares Zuhause. Sie wurde »Pyewacket« genannt. Sie bekam das beste Futter und die beste Pflege, bis sie fast fünf Jahre alt war. Dann lernte ihre Besitzerin einen Mann kennen, der keine Katzen mochte, aber sie heiratete ihn trotzdem. Pyewacket wurde in ein Tierheim gebracht, wo es bereits an die hundert Katzen gab. Dann, eines Tages, gab es dort gar keine mehr.

Eine gutaussehende Frau, die einen Kombi fuhr, nahm die beiden letzten Kätzchen, ein graues männliches und ein braungestreiftes weibliches Tier. Sie versprach, dass die beiden immer zusammenbleiben würden. Sie verkaufte sie für fünfzehn Dollar pro Stück an ein Versuchslabor. Bis heute sind sie immer noch zusammen ... in einem mit Alkohol gefüllten Schauglas.

Aus welchem Grund auch immer – vielleicht weil der Himmel in einer anderen Zeitzone ist oder weil man nicht einmal Katzenseelen zutrauen kann, auf geradem Wege und ohne diverse Streifzüge zu reisen – all die wieder jung gewordenen Kätzchen trafen gleichzeitig vor dem Himmelstor ein. Sie betapsten und beleckten sich in heller Freude, tollten ein Weilchen herum und marschierten dann in feierlichem Zug durch das Tor, genau an einem Schild vorbei, auf dem in goldenen Lettern stand: »Das alles, ihr Kätzchen, war nicht vergebens!«

# Katzenlied

Lege dich breit auf offene Bücher,
Mäuse sind allüberall;
ein Nest ergeben papierne Tücher,
leck' dir die Pfote nach einem Fall.

Beine sind zum Stolpern da,
warne nur mit leisem Fauchen,
einem Kopfstups und 'nem Kuss, o ja,
widersteht kaum ein Herrchen oder Frauchen.

Stets fein gestriegelt sei das Fell,
denn gute Toilette ist sehr wichtig,
putze auch die schwierigste Stell',
ein Schnurren am Ende, so ist's richtig.

Schlafen ist deine Berufung, Katz', ebenso das Mausen,
und dein Schnurren kann betören –
der Mensch lässt sogar Termine sausen,
um deinen Schlummer nicht zu stören.

Katzenminze regt dich an – beruhigen tut der Baldrian,
und von Interesse sind die Vögel,
doch wer nur noch jagen kann,
den hält man für einen Flegel.

Nützliche Werkzeuge sind die Pfoten,
drum schau 'drauf, dass scharfe Krallen sie zieren,
doch Sofas und Sessel sind verboten,
denn sonst wird dein Mensch lamentieren.

Du bist königlich-elegant,
aristokratisch und voller Würde,
zu tun, was ein Mensch von dir verlangt,
wäre ehrenlose Bürde.

Manch einer sagt, er würde dich hassen,
ich muss es gestehn, so leid es mir tut,
ich duld es und kann das Mitleid nicht lassen
mit all diesen Narren – doch sei vor ihnen auf der Hut!

An jedem Ende muss einen Schwanz es geben,
und einen haben solltest auch du,
das Märchen von den »neun Katzenleben«
lebt vielleicht nicht so lange wie du.

# *Christines Zauberdose*

In dem Augenblick, in dem Miss Wells das Klassenzimmer betrat, hatte Christine gleich den Verdacht, dass irgendetwas nicht stimmte. Miss Wells sah ziemlich traurig und ernst drein, und es hatte fast den Anschein, als hätte sie geweint.

»Guten Morgen, Kinder«, begann Miss Wells.

»Guten Morgen, Miss Wells«, antwortete die Klasse gewohnheitsmäßig.

»Kinder, ich fürchte, ich habe heute morgen schlechte Neuigkeiten für euch«, sagte Miss Wells und brachte ein schwaches Lächeln zustande. »Unsere Freundin Jennifer wird nicht mehr in die Schule zurückkommen. Sie vermisst uns sehr, und wir vermissen sie, und sie hat mich gebeten, euch zu auszurichten, dass ihr die Karten sehr gefallen, die wir für sie gezeichnet haben, und ganz besonders das Malbuch, das wir gemacht haben. Ihre Mutter und ihr Vater haben mich ebenfalls gebeten, euch zu danken, und sie wollen uns eines Tages besuchen, um sich auch persönlich bei euch zu bedanken.«

Miss Wells ging ein Stückchen in den Gang zwischen den Pulten hinein und blieb bei Jennifers leerem Platz stehen.

»Ihr wisst, dass Jennifer schon länger sehr krank ist, und jetzt hat ihr Arzt gesagt, dass sie nicht mehr in die Schule zurück darf und dass sie im Bett bleiben und sich schonen muss.«

»Wird Jennifer sterben, Miss Wells?«, fragte Roberta.

Miss Wells schaute zur Zimmerdecke und schluckte schwer.

»Ich weiß es nicht«, antwortete sie nachdenklich.

Christine dachte aber, dass Miss Wells es sehr wohl wusste und nur versuchte, nett zu sein. Christine schaute auf ihr Pult hinab.

»Kinder, es tut mir sehr leid, dass ich den Morgen mit einer so traurigen Mitteilung beginnen muss. Ich habe Jennifer versprochen, dass ich euch erzählen würde, warum sie schon so lange fort ist und wie viel Spaß sie mit uns hatte und wie viel sie gelernt hat.«

Christiane konnte das durchaus glauben. Sie hatte Jennifer seit der ersten Klasse gekannt, und Jennifer war immer eines der klügsten, hübschesten und nettesten Mädchen in der ganzen Schule gewesen. Sie wünschte sich jetzt, sie wäre enger mit Jennifer befreundet gewesen oder sie hätte die Möglichkeit gehabt, sie noch besser kennen zu lernen. Christine war zu beschäftigt gewesen. Nach der Schule hatte sie sich immer beeilt, nach Hause zu kommen, damit sie schnell ihre Hausaufgaben erledigen konnte, um dann ihrer Mutter und ihrer Großmutter zu helfen. Ihr Vater war gestorben, als Christine noch ein Baby war, und nun sprang sie sozusagen für ihn in die Bresche. Ihre Gedanken wurden durch Miss Wells unterbrochen.

»Kinder, ich muss gestehen, ich weiß wirklich nicht so recht, wie ich es euch erklären soll. Jennifer möchte nicht, dass wir traurig sind, und sie möchte, dass wir es verstehen. Sie macht sich Sorgen um uns und um ihre Familie. Nun, wir werden sehr tapfer sein müssen – so tapfer wie Jennifer.«

Christine beobachtete, wie Miss Wells' Unterlippe zitterte, und ein paar Plätze weiter schniefte jemand.

»Es gibt eine sehr schlimme Krankheit, von der ihr wahrscheinlich schon mal gehört habt. Es ist eine üble Sache, und es gibt viele verschiedene Arten davon. Man nennt sie alle ›Krebs‹, und Jennifer hat Krebs.«

»Aber, Miss Wells«, platzte James heraus, ohne die Hand zu heben. »Kriegen denn nicht nur die alten Leute Krebs? Mein Großvater hatte Krebs und er ist letztes Jahr gestorben. Aber er war schon alt.«

»Ja, alte Menschen bekommen oft Krebs, aber es trifft auch Leute in meinem Alter« – und Christine wartete darauf, dass Miss Wells ihr Alter nennen würde, aber sie tat es nicht – »und manchmal bekommen auch ganz junge Menschen Krebs. Manchmal sogar Babys.

Deshalb wollen eure Eltern und eure Lehrer und auch die Schulkrankenschwester, dass ihr zum Doktor geht, wenn ihr euch nicht wohl fühlt. Und deshalb stellt euch der Doktor Fragen, und tastet

euch ab und fragt, ob etwas weh tut, und manchmal machen die
Ärzte eine gründliche Untersuchung. Es bestehen ausgezeichnete
Chancen, dass ihr mit der Hilfe des Doktors wieder ganz gesund
werden könnt, aber zuweilen müsst ihr auch etwas tun, das euch
nicht besonders gefällt…«

»Zum Beispiel Zeug trinken, das scheußlich schmeckt«, platzte
James wieder heraus.

»Ganz genau. Leider können uns die Ärzte manchmal aber nicht
so gut helfen, wie sie eigentlich möchten.«

Christine konnte sich nicht vorstellen, warum das so war. Sie
dachte, ihre eigene Ärztin müsse alles wissen, denn jedesmal, wenn
Christine krank wurde, half ihr die Ärztin und es ging ihr schnell
wieder besser. Christines Ärztin kam aus Indien, und sie kannte
vielleicht eine spezielle Medizin, die auch Jennifer helfen konnte.
Christine verstand nicht, dass ihre Ärztin keine Indianerin war, sondern eine Inderin aus New Delhi, und dass schon viele Ärzte alles
in ihren Kräften Stehende versucht hatten, um Jennifer gesund werden zu lassen. [Anm. d. Ü.:Im Amerikanischen und Englischen lau-
tet das Wort für Inder und das für Indianer gleich: *Indian*. Oft wird
deshalb zur Vermeidung von Mißverständnissen von *Red Indians*
gesprochen, wenn man Indianer meint.]

»Kinder, ich bin kein Arzt, und ich kann euch keine genaue Auskunft über Krebs geben oder erklären, warum Jennifer so krank
geworden ist. Ich denke, es wäre eine gute Sache, wenn ihr heute
abend mit euren Müttern und Vätern über Jennifer reden würdet.
Ich denke, sie würden euch gerne helfen, das besser zu verstehen.
Wir alle haben eine tiefe Trauer in uns, weil Jennifer so krank ist,
und darüber müssen wir reden, vor allem in der Familie.

Ich möchte auch darum bitten, dass eure Eltern mit mir Kontakt
aufnehmen, wenn sie irgendwelche Fragen haben«, fügte Miss Wells
hinzu.»Ich glaube, dass wir einander helfen können, und vielleicht
möchten einige von euren Eltern auch den Eltern von Jennifer helfen. Vielleicht könnten wir sogar die Schulkrankenschwester oder
einen Doktor bitten, zu uns in die Klasse zu kommen, um mit uns
zu reden.«

Die Mienen der meisten Kinder hellten sich bei diesem Vorschlag auf, denn jedesmal, wenn jemand kam, um vor der Klasse einen Vortrag zu halten, hatten die Kinder am betreffenden Abend keine Hausaufgaben zu machen.

»Wir werden später noch einiges zu besprechen haben. Wir wollen Jennifer auch weiterhin Karten und Überraschungsgeschenke schicken, um ihr zu zeigen, dass wir sie lieben. Aber jetzt schlagt bitte eure Bücher auf: Seite achtzig.«

Christine ging nach der Schule noch schneller nach Hause als üblich und vergaß sogar, den Jungvögeln einen kurzen Besuch abzustatten und einen verstohlenen Blick in ihr Nest zu werfen, das sich in der Nähe der Stelle befand, wo der Schulweg endete. Sie stürmte zur Küchentür herein und ließ ihre Schulbücher auf den Tisch plumpsen, was ihr sogleich eine Ermahnung ihrer Mutter einbrachte: »Schschsch, Chrissie, deine Großmutter macht gerade ein Nickerchen!«

Ihre Mutter rührte langsam in einem Kochtopf auf dem Herd, während Christine ihr von ihrem Tag in der Schule erzählte, und sie bemühte sich heute ganz besonders, nichts von dem auszulassen, was Miss Wells gesagt hatte.

»Ach, Chrissie, das tut mir so leid, für Jennifer und für ihre Eltern. Ich hatte kürzlich gehört, dass Jennifer sehr krank ist. Ich denke, wir hätten vielleicht schon früher darüber reden sollen. Ich werde Miss Wells morgen anrufen und ihr danken, dass sie mit dir und den anderen Kindern darüber geredet hat. Ich schätze, auch andere Eltern werden sich bei ihr melden.«

Tatsächlich riefen viele Eltern bei Miss Wells an, aber einige beschwerten sich auch, sie habe den Kindern Angst gemacht und sie solle über solche Dinge nicht mit einer Klasse von Neunjährigen sprechen.

»Mama, warum muss Jennifer sterben?«, fragte Christine. »Das ist nicht fair – sie ist doch so alt wie ich!«

»Ich wünschte, ich könnte dir das erklären«, sagte ihre Mutter, während sie sich die Hände an einem Küchentuch abwischte und sich an den Tisch setzte. »Komm her«, sagte sie und zog Christine an sich, umarmte sie und glättete ihr Haar. »Siehst du, Chrissie, wir müssen alle sterben, weil dies das Ende des Kreises ist. Das Geborenwerden ist der Anfang des Kreises und das Sterben ist das Ende. Manche Menschen, wie Jennifer, werden sehr krank oder haben einen Unfall, wie dein Vater, und der Kreis endet schneller, als man gemeint hatte. Den einen Tag war dein Vater hier, und am nächsten schon nicht mehr. Wir können das nur hinnehmen und das Beste tun, was uns möglich ist. Es ist das, was er für uns gewollt hat. Er wollte uns nicht verlassen, und wir wollten nicht, dass er uns jemals verlässt, aber wir konnten es nicht ändern. Wir mussten damit leben, so gut wir eben konnten und selbst so gut sein, wie es uns möglich war.«

Christine war sehr still.

»Das Leben sollte viel Spaß machen, Chrissie, besonders wenn man in deinem Alter ist. Aber, so wunderschön das Leben auch sein kann, es gibt einige raue Stellen, einige harte Tatsachen. Manche Dinge tun sehr weh, Dinge, die auch ein Kuss nicht ganz heilen kann. Es ist niemals leicht, diese harten Zeiten zu überstehen – es tut einfach weh. Wenn wir älter werden, lernen wir, die Dinge eher zu akzeptieren und allem eine gute Seite abzugewinnen.

Du verstehst das alles jetzt noch nicht, aber später wirst du immer mehr begreifen. Vielleicht verstehe ich selbst auch nicht so viel, wie ich eigentlich sollte. Auch wenn wir es noch so gerne möchten, können wir nicht aufhalten, was mit Jennifer geschieht, aber wir können ihr und ihrer Familie zeigen, dass wir Anteil nehmen und dass wir gerne helfen würden.«

»Zum Beispiel solche Karten machen?«, fragte Christine.

»Natürlich. Und ich glaube, ihre Mutter hat sehr viel zu tun und ist sehr traurig. Ich bin sicher, sie ist nicht immer in der Stimmung zu kochen, und deshalb koche ich etwas für sie und bringe es ihr.

Und jetzt mache ich unser Essen fertig«, sagte Chistines Mutter und tupfte sich die Augen mit dem Küchentuch ab. »Ich möchte, dass du jetzt deine Hausaufgaben machst, und nach dem Essen könntest du ja eigentlich mit deiner Großmutter über Jennifer sprechen. Deine Großmutter ist sehr weise, und als ich ein kleines Mädchen war, gab sie mir immer sehr gute Antworten auf meine Fragen. Das tut sie noch immer.«

Christine nickte. Sie liebte es, sich mit ihrer Großmutter zu unterhalten, und war mit ihren Gedanken nur halb bei den Hausaufgaben.

»Noch etwas, Chrissie. Ich weiß, es wird schwer für alle, die Jennifer lieben, am allerschwersten für ihre Mutter und ihren Vater. Es ist so schwer zuzusehen, wenn jemand, den man lieb hat, so krank ist, aber es ist eine ganz besondere Zeit, denn da haben wir eine Gelegenheit, Jennifer zu zeigen, wie wichtig sie uns ist.«

Obwohl die Mutter ihr den Rücken zukehrte, sah Christine, wie sie das Küchentuch immer wieder an die Wangen führte.

»Wir hatten keine Gelegenheit, deinem Vater zu sagen, wie sehr wir ihn liebten oder brauchten oder vermissen würden. Ich hoffe, er weiß es trotzdem …«, und sie begann zu weinen.

»Weine nicht, Mama!« Christine eilte zu ihrer Mutter. »Papa weiß es ganz bestimmt! Ich erzähle es ihm doch jeden Abend, bevor ich schlafen gehe.«

»Das tue ich auch«, sagte ihre Mutter und drückte sie fest an sich. »Es ist schon in Ordnung, wenn man weint – wenn man traurig oder verletzt ist, oder wenn man jemanden sehr vermisst, tut es gut zu weinen.«

Christine und ihre Mutter waren beim Abendessen ungewöhnlich still, aber ihre Großmutter schien es nicht zu bemerken. Sie war etwas schwerhörig und schien ganz in ihre eigenen Gedanken versunken zu sein.

Nach dem Abendessen spülte Christines Mutter das Geschirr, ihre Großmutter trocknete es ab und das Mädchen räumte es auf, wobei es geschickt einen Küchenstuhl hierhin und dorthin schob, um die oberen Fächer der Schränke erreichen zu können. Dann begleitete Christine ihre Großmutter in deren Schlafzimmer.

Sie war fasziniert vom Zimmer ihrer »Oma« – so nannte sie ihre Großmutter nämlich. »Oma« ist das deutsche Kosewort für Großmutter, und ihre Großmutter war vor vielen Jahren aus Deutschland hierher nach Amerika gekommen. Christine saß manchmal nach dem Abendessen mit ihrer Großmutter zusammen, bewunderte den Spitzenvorhang vor dem Fenster oder die pastellfarbenen Bonbons in der fein geschliffenen Kristallglasschale neben Omas Sessel. Aber am liebsten hörte sie Omas Geschichten über deren Mädchenzeit zu, als sie noch ein eigenes Pony mit Wagen hatte.

Christine erzählte Oma von Jennifer und berichtete alles, was Miss Wells gesagt hatte. Oma hörte schweigend zu und bat Christine nur einmal, etwas zu wiederholen.

»Oma, wirst du auch sterben?«, fragte Christine plötzlich.

»Ja, Kind, sicher. Ich habe eine lange Zeit gelebt, und eines Tages werde ich zu alt zum Leben sein.«

»Aber warum, Oma? Warum kann nicht jeder einfach weiterleben? Warum müssen die Menschen sterben oder krank werden – vor allem so nette Leute wie du und Jennifer und Papa?«

»Hmmm«, die Großmutter seufzte und dachte einen Moment nach.

»Chrissie, wir sind wie Schachteln oder Dosen. Jeder von uns, das heißt, unsere Außenseite, ist eine Dose. Die Dosen gibt es in allen Größen und Formen und in allen Farben. Einige von diesen Dosen sind sehr schön. Andere sind bloß einfache Schachteln aus braunem Karton. Einige sind aus Zinn und bemalt, damit sie wie richtiges Gold aussehen – einige sind wirklich aus Gold. Aber es sind immer nur Schachteln und Dosen. Ganz egal, wie groß die Dose ist oder wie hübsch oder wie stabil – allein wichtig ist das, was in der Dose drinnen ist.

Diese Dosen werden herumgeschoben, sie werden nass, schwere Dinge werden auf sie draufgestellt, sie werden beschädigt und abgenützt. Sie bekommen Dellen, sie bekommen Löcher und manchmal läuft etwas von ihrem Inhalt aus, aber sie bleiben doch – und zwar für eine lange Zeit – immer noch Dosen. Ihr Zweck ist es, das zu schützen und herumzubewegen, was in ihnen drin ist.«

»Aber, Oma, wenn die Dose beschädigt wird, passiert dann den Dingen innen drin nicht auch etwas?«

»Normalerweise nicht. Die meisten Dinge, die in den Dosen drin sind, sind Dinge, die man nicht beschädigen kann. Es sind Dinge, die keine Form haben, und deshalb können sie auch nicht zerbrechen, und deswegen gibt es auch keine Scherben und keine Risse.

In den Dosen sind die wunderbarsten Sachen enthalten – alles ist behaglich aneinandergekuschelt und leuchtet und klingelt fein, und diese Sachen haben Wert, niemals die Dose selbst. Wir halten unsere Dosen einfach glänzend sauber aus Respekt vor dem, was drinnen ist. Manchmal müssen wir uns sogar Mühe geben, nicht die Dose zu sehen, sondern nur das, was darin ist.«

»Und was passiert, wenn die Dose kaputt geht oder alt wird und auseinanderfällt, Oma?«

»Dann vermissen die meisten von uns zuerst einmal die Dose, weil sie ja vorher immer da war, und auf einmal ist sie jetzt nicht mehr da. Statt dass wir uns an die Dinge erinnern, die in der Dose waren, und sie sehen, vermissen wir die Dose. Und dann müssen wir uns selbst wieder ins Gedächtnis rufen, dass die wichtigen Sachen, die in der Dose waren, zurückbleiben. Das sind unsere Schätze, und wir müssen dafür dankbar sein, solange wir sie eben hatten und solange wir sie eben behalten dürfen. Die Dose war nur der Behälter, in dem sie zu uns gebracht wurden, und diese Schätze bleiben bei uns, ob mit oder ohne Dose!«

»Werden wir nicht vergessen, was in der Dose ist, wenn wir die Dose nicht mehr sehen können? Was ist in meiner Dose, Oma?«

»Chrissie, so viele Fragen! Tja, du weißt besser als jeder andere, was in deiner Dose ist. Denk mal nach! Sei für einen Augenblick ganz ruhig, sitz still und denke nach. Spüre es. Lausche. Was ist denn nun in deiner Dose?«

Christine tat, wie ihre Großmutter ihr gesagt hatte. Sie saß da und lauschte und spürte. Sie runzelte die Stirn und spürte noch mehr, noch tiefer in sich hinein. Sie rümpfte die Nase, und dann lächelte sie.

»Also«, fragte die Großmutter mit einem wohlgefälligen Kopfnicken, »was ist nun in deiner Dose drin?«

»Oh, so viele Sachen, Oma. Gute Sachen. Vielleicht ein, zwei schlechte Dinge, aber sehr viel Schönes!«

Sie und ihre Großmutter sprachen lange über all das, was in den Dosen enthalten sein kann, wobei die Oma gelegentlich erfreut »Ja, ja« rief. Christines Mutter kam hinzu, blieb eine Weile still lauschend im Türrahmen stehen und zog sich dann schweigend wieder zurück. Sie lächelte bei diesem Anblick einer alten Frau und eines kleinen Mädchens, die einander vollkommen verstanden.

»Eins ist merkwürdig bei diesen Dosen«, fuhr die Großmutter fort, »du kannst sie nie zu voll machen. Es passt immer noch mehr hinein. Einige Dosen, es tut mir leid, das zu sagen, sind ziemlich leer. Manche Leute bemühen sich nicht genug darum, ihre Dosen zu füllen. Du musst immer sorgfältig aufpassen, was du in deine Dose hineintust. Manche Leute füllen sie mit den falschen Dingen – zu viel von einer Sache oder nicht genug von einer anderen, und eines ist so schlecht wie das andere. Du musst sehr klug sein und den Unterschied erkennen zwischen einem wirklichen Schatz und etwas, was nur so aussieht wie ein Schatz.«

Schließlich stand Christines Großmutter auf, klatschte in die Hände und winkte das Mädchen zu sich her. »Komm her, Kind, hilf mir.«

Sie ging zum Wandschrank, dessen Tür offenstand, und beugte sich nieder, um einen Schemel hervorzuziehen. Sie richtete sich wieder auf, ruhte sich einen Moment aus, und, indem sie sich auf Christines Schulter stützte, stieg sie auf den Schemel und kramte im obersten Fach herum.

»Ah!«, rief sie, als sie mit einem Päckchen herunterstieg.

»Das ist für dich«, sagte sie und entfernte das Seidenpapier von einer wunderhübschen Metalldose, die mit einem kleinen goldenen Schloss verschlossen war. »Sie ist fast so alt wie ich.«

Die Dose funkelte im Licht der Lampe, alles in Rot und Gold, ein geprägtes Ornament zog sich die Kanten entlang, und auf den Deckel war eine Burg gemalt oder vielleicht eine Kathedrale – Christine war sich nicht sicher, was genau es war –, und winzige, von Hand gemalte Leute in feinen Kleidern standen um von Pferden gezogene Kutschen herum. Sie sah aus wie die Dose aus einem Märchen – ja, wie eine Zauberdose!

»Die ist ja wunderschön, Oma! Was ist denn da drin?«

»Wahrscheinlich gar nichts, soweit ich mich erinnere. Jedenfalls nichts, was zerbrechen könnte«, antwortete Christines Großmutter mit einem Zwinkern. »Den Schlüssel habe ich vor langer Zeit verloren. Ich möchte dir diese Dose als Erinnerung an das geben, worüber wir gesprochen haben. Ich hoffe, dass du sie behalten wirst, um dich zu erinnern, dass es nicht auf die Dose ankommt, nicht darauf, wie die Dose aussieht, aus welchem Land sie stammt oder welche Farbe sie hat, nicht einmal darauf, ob sie da ist oder fort – es geht immer nur darum, was in der Dose ist. Das ist unser Schatz.«

»Danke, Oma«, sagte Christine, nahm die Dose und küsste ihre Großmutter, »ich werde immer daran denken.« Damit drehte sich das Mädchen um und wollte gehen.

Aber an der Türschwelle hielt sie inne. »Oma«, sagte sie, »ich weiß, was in deiner Dose ist.«

»Tatsächlich, Christine? Nun ja, schön. Es würde mich glücklich machen, wenn du dich daran erinnern würdest, wenn die Dose verschwunden ist.«

»Das werde ich, Oma. Ich hab' dich lieb. Gute Nacht.«

Christine nahm die Dose am nächsten Tag mit in die Schule. Jedesmal, wenn jemand sie fragte, was darinnen sei, lächelte sie nur und anwortete: »Alles!«

Einige Kinder waren etwas neidisch wegen der schönen Dose, obwohl sie nicht einmal wussten oder sich dafür interessierten, was darin war. Viele Kinder dachten, weil die Dose so schön sei, müsse sie auch ganz besondere Dinge enthalten. Manche Kinder machten sich über die Dose lustig, weil sie fanden, es sehe doch sehr seltsam aus, eine Dose wie diese mit sich herumzutragen.

»Ich weiß es«, sagte ein Junge zu Christine, »du hast bloß dein Erdnussbuttersandwich und dein Marmeladenbrot in die alte Dose gesteckt.«

Christine lächelte und dachte an das, was ihre Großmutter ihr gesagt hatte. Sie versuchte den ganzen Tag über, nicht die anderen »Dosen« um sich herum zu sehen, sondern zu erkennen, was in ihnen war. Sie war ruhig, und sie lauschte und sie spürte. Dann hatte sie eine wunderbare Idee.

»Ich finde, das ist eine großartige Idee«, sagte ihre Mutter, als sie es ihr am Abend erzählt hatte. »Ich bin sicher, Jennifer würde sich über einen Besuch von dir freuen, aber ich muss zuerst ihre Mutter anrufen und in Erfahrung bringen, ob Jennifer sich kräftig genug fühlt, um dich zu empfangen. Und ich möchte ihrer Mutter einen Kuchen mitbringen.«

Aber Christine war bereits auf dem Weg zum Zimmer ihrer Großmutter, um sie etwas ganz Wichtiges zu fragen.

Später erfuhr sie von ihrer Mutter, dass sie Jennifer am Samstag Nachmittag besuchen dürfe und dass sich Jennifer auf das Treffen freue. Christines Mutter erklärte, dass sie aber nur kurze Zeit bleiben könne, weil Jennifer sehr schnell müde werde und immer sehr viel schlafen müsse.

Christine nickte mit dem Kopf. Sie hatte ganz tief unten in ihrem Magen ein etwas ängstliches Gefühl. Ihre Mutter hatte ihr erzählt, dass Jennifer wegen der Medizin, die ihr von den Ärzten verabreicht wurde, fast alle Haare verloren hatte und dass sie, Christine, sehr tapfer sein müsse und Jennifer nicht in eine unangenehme oder peinliche Lage bringen dürfe, indem sie sich überrascht zeige.

»Dauernd sagt man mir, dass ich tapfer sein müsse«, dachte Christine, »aber einfacher wird es dadurch ja auch nicht.«

Die nächsten zwei Tage übte sie das Tapfersein, bis der Samstag kam. Sie war auf der Fahrt zu Jennifers Haus sehr still und saß einfach da und umklammerte eine Tasche auf ihrem Schoß.

»Was hast du in der Tasche, Chrissie?«, fragte ihre Mutter.

»Etwas für Jennifer«, antwortete Christine und schaute zum Seitenfenster hinaus.

Ihre Mutter wollte eine weitere Frage stellen, aber sie wusste, dass auch Mütter zuweilen still sein müssen.

»Wie schön, euch beide zu sehen«, sagte Jennifers Mutter, als sie die Tür öffnete. Den Kuchen nahm sie mit einem dankbaren Lächeln an.

»Christine, deine Mutter und ich werden uns im Wohnzimmer zusammensetzen, aber zuerst führe ich dich zu Jennifer, in ihr Zimmer. Dort ist es für sie bequemer.«

Jennifer saß, sorgsam in Decken gehüllt, auf einem gut ausgepolsterten Sessel neben dem Fenster ihres Schlafzimmers, als Christine und die beiden Mütter eintraten. Sie lächelte.

»Ich freue mich, dass du und deine Mutter …«, aber dann begann sie heftig zu husten. Ihre Mutter eilte zu ihr, klopfte Jennifer auf den Rücken und schüttelte die Kissen auf, mit denen man ihr das Sitzen so bequem wie möglich gemacht hatte.

Christine sah besorgt drein und warf ihrer eigenen Mutter einen schnellen Blick zu, um etwas Sicherheit zu finden. Ihe Mutter nickte ihr zu, um ihr zu bedeuten, dass alles in Ordnung sei, aber ihr Gesicht war sehr ernst.

»Wir lassen euch zwei jetzt ein Weilchen allein«, meinte Jennifers Mutter, nachdem Jennifer aufgehört hatte zu husten, und verließ mit Christines Mutter das Zimmer.

Es dauerte ein Weilchen, bis eines der Mädchen etwas sagte. Christine lächelte, und Jennifer lächelte, und dann sahen sie beide zum Fenster hinaus.

»Ich habe dich schon lange nicht mehr gesehen«, sagte Jennifer schließlich. »Wie geht es allen in der Schule?«

»Okay«, antwortete Christine. »Wir machen eine Weltkugel aus Pappmaché, die ist größer als ich! Miss Wells hat uns erzählt, dass sie dich besucht hat, und wir machen etwas ganz Besonderes für dich in der Mal- und Bastelstunde, aber ich kann dir nicht sagen, was es ist, weil es eine Überraschung sein soll.«

Dann überlegte sie, ob sie die Überraschung nun womöglich schon verdorben hatte, und schaute auf ihre Füße hinunter.

»Ich sehe nicht so aus, wie ich sonst immer ausgesehen habe«, sagte Jennifer. »Manchmal macht es die Leute traurig, weil sie sich erinnern, wie ich war, bevor ich krank wurde, als ich lange Haare hatte. Wegen der Medizin sind mir die Haare ausgegangen, aber ein bisschen wächst schon wieder nach.«

Christine sah zu Jennifer hinauf, die so klein wirkte, wie sie da eingemummelt in ihrem Sessel saß. So sehr Christine auch versuchte, tapfer zu sein, fühlte sie doch, wie die Tränen ihr in die Augen stiegen, und ihre Stimme war fast wie ein Gurgeln.

»Es kommt nicht darauf an, wie du aussiehst oder wie sonst irgend jemand aussieht. Es kommt nur darauf an, wie du inwendig aussiehst.«

Sie schaute wieder zum Fenster hinaus und wischte ärgerlich die Tränen weg, die ihr die Wangen hinunterliefen. Während der Fahrt zu Jennifers Haus hatte sie sich fest vorgenommen, dass sie nicht weinen würde, und hier brach sie nun ihr Versprechen.

»Da ist ein Taschentuch«, bot Jennifer an und lehnte sich in ihre Kissen zurück. »Wir habe schon viele Taschentücher verbraucht.«

Christine schneuzte sich laut. »Jetzt geht es mir besser«, sagte sie. »Tut mir leid – ich bin ja heute hergekommen, um dich etwas aufzumuntern.«

»Das ist schon in Ordnung, das hast du ja. Wir weinen alle, besonders meine Mutter. Am meisten mache ich mir Sorgen wegen meiner Mutter. Ich sage ihr immer wieder, dass sie stark sein und weitermachen muss, wenn ich nicht mehr da bin, um mich um sie zu kümmern. Sie muss für meinen Vater stark sein, und er muss für sie stark sein.«

»Tut es weh? Ich meine, tut es weh, wenn …«, aber Christine konnte das Wort nicht aussprechen.

»Wenn man stirbt? Manchmal. Manchmal tut es sehr weh, aber dann geben dir die Ärzte etwas, das die Schmerzen wegnimmt. Aber die Medizin macht, dass ich zu viel schlafe. Manchmal will ich wach bleiben, auch wenn es weh tut. Am meisten tut es dir im Herzen weh, wegen all der Leute, die du lieb hast und die dich auch lieb haben. Manchmal sind das Liebhaben und der Schmerz total miteinander vermischt!«

»Hast du Angst?«, fragte Christine. Sie wusste, dass Jennifer Angst hatte.

»Zuerst hatte ich große Angst und meine Mama und mein Papa auch. Sie versuchten, tapfer zu wirken, damit ich auch tapfer war. Aber dann habe ich mich abgefunden, und meistens ist es jetzt einfach friedlich. Bald wird es mit den Schmerzen vorbei sein, und ich weiß, das ansehen zu müssen ist das Schwerste für die Menschen, die mich lieb haben.«

Jennifer schloss für einen Moment die Augen. »Ich wünsche mir nur, ich könnte etwas für sie dalassen«, sagte sie leise. »Wenn ich älter oder kräftiger wäre, könnte ich es vielleicht. Mir ist bisher einfach noch nichts eingefallen, aber ich hab' nicht mehr viel Zeit. Das macht mich traurig.«

Christine dachte darüber nach, und dann erinnerte sich sich an das, was sie Jennifer mitgebracht hatte. Sie beugte sich hinunter, hob ihre Tasche auf und holte die rot-gold emaillierte Dose ihrer Großmutter heraus.

»Die ist ja wunderschön!«, rief Jennifer entzückt. »Was ist da drin? Ist es eine Dose für etwas Bestimmtes?«

Und Christine erzählte es ihr. Sie erzählte ihr alles über Dosen und ihre Schätze, und sie schilderte alles genau so, wie ihre Großmutter es ihr erklärt hatte.

Nicht nur verstand Jennifer alles, sie hatte auch selbst einige wunderbare Einfälle, was alles in solchen Dosen aufbewahrt sein könnte. Christine war klar, dass Jennifer sehr wohl wusste, was in ihrer eigenen Dose war.

Bald waren die beiden ins Gespräch vertieft, sie lachten, erinnerten sich an Verschiedenes, und bevor sie es bemerkten, war es Zeit, dass Christines Mutter sie wieder nach Hause fuhr.

»Ich danke dir sehr, so sehr, Chrissie«, flüsterte Jennifer und drückte die Dose an ihre Brust. »Jetzt weiß ich, was von mir ich für alle zurücklassen kann!«

Christine strahlte, denn das Kribbeln des Glücksgefühls in ihr war stärker als je zuvor. Sie beugte sich vor und umarmte Jennifer vorsichtig und gab ihr einen Kuss auf den Kopf.

»Werde ich dich wiedersehen, Jennifer?«, fragte sie hoffnungsvoll. Aber Jennifer antwortete nicht, denn sie war eingeschlafen.

»Sicher werde ich dich wiedersehen, sagte Christine leise,»Dose hin oder her.«

Christine öffnete die Tür, als Jennifers Mutter einige Wochen später zu einem Besuch kam. Sie führte sie ins Wohnzimmer, wo ihre Mutter saß und im Album mit den Familienfotos blätterte. »Es tut mir leid, dass ich nur für einen kurzen Besuch bleiben kann«, sagte Jennifers Mutter.»Mein Mann und ich verreisen für ein paar Wochen, und, naja, ich habe noch so viel zu erledigen.«

Sie erklärte, dass Jennifers Vater seit dem Tod seiner Tochter sie drängte, für eine Weile wegzufahren, an einen ruhigen, besonders schönen Ort, wo sie sich wieder sammeln konnten.

»Ich bin sicher, dass das eine gute Idee ist«, sagte Christines Mutter zustimmend.

»Christine«, sagte Jennifers Mutter und wendete sich ihr zu,»wir möchten dir und den anderen Kindern und Miss Wells danken, denn ihr habt diese Zeit für uns und für Jennifer ein wenig leichter gemacht. Es war eine sehr schwere Zeit für uns, und wir schätzen uns glücklich, dass wir Jennifer bei uns haben konnten, so lange es uns vergönnt war, und dass wir in der Lage waren ihr zu zeigen, dass wir sie lieb gehabt haben.«

Christines Mutter beugte sich hinüber und nahm die Hand von Jennifers Mutter und drückte sie fest.

»Ich bin auch gekommen, um dir das hier zurückzubringen, Christine«, sagte sie und kramte ein wenig in der Tasche herum, die sie bei sich hatte, und zog schließlich Omas hübsche Dose hervor.

»In den letzten Wochen war diese Dose für Jennifer etwas ganz Besonderes, und sie bat sogar darum. dass man sie im Krankenhaus in ihrer Nähe aufstellte. Es war sehr lieb von dir, dass du sie ihr geliehen hast, und ich bin neugierig, was darin ist. Nachdem Jennifer von uns gegangen war, suchten wir nach etwas, das in der Dose gewesen sein musste – aber wir fanden nur all die Sachen, die Jennifer zuvor schon gehabt hatte.«

Christine nahm die Dose und hielt sie für eine Weile auf ihrem Schoß, bevor sie antwortete.

»Das ist eine Zauberdose, die mir meine Großmutter gegeben hat«, sagte sie, während sie mit dem Finger die geprägten Verzierungen der Kanten entlangfuhr. »Aber es ist nur eine von vielen, vielen Zauberdosen. Und wie sie alle ist auch diese voll von den wunderbarsten Sachen, und besonders jetzt, wo sie bei Jennifer war.«

»Aber ich verstehe nicht«, sagte Jennifers Mutter. »Wir fragten sie, was in der Dose sei, und sie antwortete nur: ›Alles‹. Aber später – nun, die Dose war verschlossen, und wir konnten den Schlüssel nicht finden. Da haben wir sie vorsichtig geschüttelt, und wir hatten das Gefühl, sie sei ganz leer.«

»Was war denn in der Dose, Chrissie?«, fragte ihre Mutter.

Zuerst ganz langsam, begann Christine mit fest zugedrückten Augen alles zu wiederholen, was ihre Oma ihr gesagt hatte. Sie gab sich alle Mühe, nichts auszulassen und auch all jene Dinge aufzuzählen, die Jennifer und ihr eingefallen waren.

»Zum größten Teil sind es die Dinge, aus denen wir gemacht sind. Nicht nur Dinge, die man sehen kann, sondern auch Dinge, die man fühlt. Wie wenn zum Beispiel eine Parade vorbeizieht und man spürt die Trommeln in seinem Bauch und man kann die Füße nicht stillhalten. Die Art, wie die Musik machen kann, dass dir ein Schauer über den Rücken hinunterläuft. Wie die Luft riecht, wenn die Blätter zu fallen beginnen, und der andere Geruch, wenn die Blumen blühen, oder nach dem Regen.

Wie man sich fühlt, wenn man jemandem hilft, weil man es selber will und nicht, weil man muss. Wie die Sonne das Haar von jemandem glänzen läßt. Die verschiedenen Töne und die unterschiedlichen Arten, wie Menschen lachen – manche mit kleinen Hicksern, manche wie klingende Glocken, bei manchen kommt es auch ganz laut aus dem Bauch heraus!

Wie man sich fühlt, wenn man für jemanden etwas Besonderes macht. Der Duft von Keksen, die im Ofen backen, und das Gefühl, das man hat, wenn man in eine warme Badewanne gleitet. Oder wenn man sich schön macht, nur einfach so, für sich selbst, auch dieses Gefühl.

Das Gefühl, das du bekommst, wenn du etwas fertig gebracht hast, von dem du geglaubt hast, du könntest es niemals schaffen, oder wenn du etwas getan hast, was du dir nicht zugetraut hast. Oder einfach nur das Gefühl, wenn man es versucht. Das Geräusch des Regens, der am Fenster hinunterrieselt, oder das Gefühl, im Schnee einen Berg hinunterzusausen. Jemanden zum Lächeln bringen, der so aussieht, als könnte er ein Lächeln brauchen. Zu jemandem ›Guten Morgen‹ sagen, weil es eben wirklich ein guter Morgen ist. Das Gefühl, das du hast, wenn du an all die Menschen denkst, die du lieb hast, und an all die Menschen, die dich lieb haben. Das Gefühl, dass du dankbar bist für alles, was du hast, und dich darüber freust und es zu schätzen weißt, statt daß du traurig bist wegen dem, was du nicht hast, oder wegen dem, was du verloren hast. Das Gefühl, dass man Anteil nimmt und wirklich mitempfindet mit all den Menschen, die nicht so stark oder so klug oder so gesund oder so glücklich sind wie du selber. Das Gefühl, das du bekommst, wenn du jemandem etwas beibringst oder wenn jemand dir etwas beibringt.

Versprechen halten, auch wenn es sehr schwer fällt, sie zu halten.

Singen, einfach weil dir nach Singen zumute ist! Die Worte und die Melodie einfach beim Singen erfinden.

Das Gefühl einer Umarmung, wenn du eine wirklich nötig hast, und dass jemand da ist, der dir die Tränen wegwischt. Jedes Mal für alles ›Danke‹ sagen und es auch wirklich meinen.

Die besondere Art, wie die Sonne über dem Wasser glitzert wie Millionen von Diamanten und wie sie am Abend wie ein riesiger roter Ballon untergeht.

Jemandem vergeben und hoffen, dass auch dir vergeben wird, sollte es einmal notwendig sein.

Die Wahrheit genug achten, um niemals zu lügen. Den Unterschied kennen, ob man die Wahrheit sagt oder ob man still ist, damit man niemanden mit der Wahrheit verletzt. Immer bereit sein, Rücksicht auf die Gefühle anderer zu nehmen, statt nur an sich selbst zu denken.

Das Kitzeln, das du spürst, wenn ein Vogel deinen Finger entlang hüpft. Oder der Kuss eines Welpen. Oder das ›Teigkneten‹, der Milchtritt einer Katze auf deinem Schoß.

Etwas hergeben, wenn du genügend hast, und begreifen, dass genug manchmal in Wirklichkeit zu viel ist. Und am allerwichtigsten: sich selbst schenken.

Dir selbst das Versprechen geben, dass du das Kind in dir – gleichgültig wie alt du sein oder wie viele Sorgen und Kümmernisse du auch haben magst – sich niemals allzu weit von dir entfernen lässt (das war von Oma).

Sich für immer an jedem Weihnachtsmorgen an jenen ersten Weihnachtsmorgen erinnern – wie groß und strahlend der Baum war, wie die Päckchen schimmerten und wie der Tannenbaum duftete (das war von Jennifer).

Dankbar sein dafür, dass man genug zu essen hat, denn manche Menschen haben das nicht, und dankbar sein, dass man es warm hat und im Haus sein kann, wenn es draußen kalt und nass ist.

Über die ›schlimmen‹ Dinge, die du getan hast oder ein anderer getan hat, lachen, weil sie gar nicht sooo schlimm waren und weil es in Wirklichkeit gar nicht darauf ankam. Jedenfalls nicht im Vergleich zu den wichtigen Dingen.

Immer darauf achten, was richtig ist, und sich entschuldigen, wenn du das Falsche getan hast.

Gründlich nachdenken, bevor du dich beschwerst. Oma sagte, es ist besser, den Atem zu benutzen, um zu sagen, was du selber tun willst, um etwas zu verbessern, statt sich darüber zu beschweren, dass es so ist, wie es ist.

Jemandem auf den Rücken klopfen. Nie versäumen, andere zu ermutigen und ihnen zu sagen, dass sie einen Freund haben und dass dir etwas an ihnen liegt.

Die Augen nicht vor dem Schlechten verschließen, aber versuchen, etwas zu tun, damit es besser wird. Mache die Welt zu einem besseren Ort – Oma sagte, wenn du ein Stück Papier vom Gehsteig aufhebst oder eine Blume pflanzt, wo vorher keine war, dann kannst du nachts besser schlafen.

Und sehen, wirklich richtig sehen, so als würdest du aufwachen und alles zum ersten Mal sehen. Und hören, richtig hören. Jedes Instrument im Orchester hören und sich in die Höhe tragen lassen, immer höher, bis du fliegst! Und wirklich riechen und wirklich schmecken ... alles mit Gespür machen. Wissen, wie sich feuchte Erde zwischen den Fingern anfühlt und wie du erschauerst, wenn ein Wurm darin ist.

Wie es sich anfühlt, wenn eine Welle deine Füße überspült und dann der Sand unter deinen Füßen weggezogen wird, wenn sie ins Meer zurückfließt.

Etwas Schönes für sich selbst tun und Ausschau halten nach jemandem, zu dem du nett sein kannst.

Alle Farben des Himmels kennen und imstande sein, jeden Tag aufs Neue zu sagen: ›Da ist das Purpur, da ist das Grau – oh, da ist ein neues Rosa!‹

Rennen, einfach weil du es kannst, und jemandem, der es nicht kann, dazu verhelfen, dass es ihm nichts ausmacht. Sei du die Beine für ihn. Es fertigbringen, um Hilfe zu bitten, wenn du sie brauchst, und verstehen, dass du damit dem anderen Menschen sogar einen Gefallen tust. Oma sagte: Jeder braucht das Gefühl, gebraucht zu werden.

Immer nach einer Möglichkeit suchen, hilfreich zu sein. Eine Tür aufhalten, jemandem das Gepäck tragen, den Sitz anbieten.«

Christine hielt inne und holte tief Atem, bevor sie fortfuhr.

»Weinen, wenn du jemanden vermisst. Weinen vor Glück, das ein anderer Mensch hat.

Die Art, wie eine Wange sich weich anfühlt, oder wie die Fältchen um die Augen sich zeigen, wenn jemand lächelt, oder wie stark sich ein Arm anfühlt oder wie das Haar einer Person riecht. Das Gefühl, das du bekommst, wenn du jemanden so lieb hast, dass du einfach nur ganz in ihn hineinkriechen möchtest.

Und sich wieder aufrappeln, wenn du hingefallen bist oder wenn jemand dich niedergeschlagen hat. Sich den Staub abklopfen, tief durchatmen und weitermachen. Für dich selbst und für die anderen.«

Christine bedeckte ihr Gesicht für einen Moment mit den Händen, dann sah sie mit einem Lächeln wieder auf, und auf jeder Wange glitzerte eine Träne.

»So viel Weisheit in einer so kleinen Dose«, sagte Christines Mutter leise und blickte stolz auf ihre Tochter.

»Chrissie«, Jennifers Mutter beugte sich vor und legte ihre Hand auf die Dose, »Jennifer sagte mir, bevor sie starb, ich dürfe die Dose nicht verlieren, ich müsse an dem festhalten, was in der Dose sei. Jetzt verstehe ich, was sie gemeint hat. Ich möchte sehr, sehr gerne an dem festhalten, was in dieser Dose ist, und ich danke dir von ganzem Herzen, dass du mir hilfst, daran zu denken. – Wo ist deine Großmutter, Chrissie? Ich möchte ihr auch danken, dass sie diese wunderbare Dose hergeschenkt hat.«

Christine schaute zu ihrer eigenen und dann zurück zu Jennifers Mutter. »Ich bin sicher, dass sie es weiß«, sagte Christine, »aber meine Oma ist letzte Woche gestorben.«

»Du meine Güte!« Jennifers Mutter sah erschrocken drein. »Das tut mir so leid … ich hatte keine Ahnung.«

»Wir kommen damit zurecht«, sagte Christines Mutter. »Natürlich ist es nicht leicht. Wir hatten sie sehr lieb, und wir vermissen sie. Aber, wie sie selbst sagte, nur die ›Dose‹ ist nicht mehr da.«

Christine nahm die Dose, küsste sie und legte sie in den Schoß von Jennifers Mutter. »Ich habe viele Sachen, die mich an Oma erinnern, und sie würde auch wollen, dass Sie diese Dose bekommen. Nichts kann Ihnen Jennifer jemals im Leben ersetzen, aber manchmal, wenn es schwer ist, hoffe ich, dass Sie daran denken.«

»Ganz bestimmt, Chrissie«, versprach Jennifers Mutter, »ich danke dir.«

Sie umarmten sich alle ganz innig um Abschied, und Christines Zauberdose funkelte im Sonnenlicht, als Jennifers Mutter sie zum Auto trug. Seit dieser Stunde dachten sie alle daran.

Ende – aber nicht wirklich.

*Dem Andenken meiner Freundin Christine Michel gewidmet.*

# Der Bote

Ich träumte, ich käme auf eine Wiese,
sonnenhell und würzig duftend,
ein kleiner Hund an meiner Seite.
Als wir schweigend dahingingen,
sah ich jenseits des blauen Bandes eines Flusses ein Feld,
wo die Geister von Tieren den Morgentau
auf glitzernden Mohnblumen kosteten,
im Sonnenlicht badeten,
nach Schmetterlingen haschten.

»Ist dies der Himmel?«, fragte ich.
Der Hund nickte ein »Ja«,
und als wir um eine Biegung des Weges kamen,
sah ich vor uns einen wundersamen Garten,
umgeben von einem dunstigen Schein,
und dort lagen Tiere und Kinder zwischen den Blumen.
Ein kühle Brise brachte die Blätter zum Rascheln,
und über allem schwebte eine Aura von Schönheit und Frieden.

»Ist auch dies der Himmel?«, fragte ich.
»Ein in Ehren gehaltener Ort«, sprach er, »für die,
die auf Erden schon die Hölle durchgemacht haben –
die an Vernachlässigung, an Folter starben,
ungeliebt, ungewollt und verlassen.«

Wir gingen weiter, bis wir an an eine Felskante kamen,
von wo wir eine düstre Schlucht überblickten.
Blitze fuhren krachend über den Horizont
und beleuchteten eiserne Gefängnisse tief unten am Wüstengrund.
Ich hörte die Klagerufe gefangener Männer,
die Schreie von Frauen, die um Wasser baten

und inmitten beißenden Rauchs
gegen die Abwesenheit des Lichts aufbegehrten.

Bevor ich fragen konnte, antwortete er:
»Das waren ihre Peiniger.«
Wir schritten ernst weiter,
bis uns der Klang von Lachen und Musik begrüßte,
und wir kamen auf einen Dorfplatz,
wo sorgenfreie Frauen, Kinder und Männer Spiele spielten
oder Arm in Arm gingen.
»Sie sind glücklich«, sagte ich.
Er stimmte mir zu und antwortete:
»Diese hier waren ihre Retter.
Sie sind über allen anderen gesegnet.«

Ich verbrachte einige Zeit bei ihnen, bis ich erwachte,
in einem neuen Frieden gebadet.
Denn was immer dieser Erdentag bringen mochte,
ich wusste, dass keine unrechte Tat ungesühnt bleibt
und auch kein rettendes Erbarmen ohne seinen Lohn.

Ich drückte meinen kleinen Hund enger an meine Brust
und segnete ihn als Boten der Wahrheit und der Liebe.

# *Bastets Liebesgabe*

Es war ein vollkommener, sonniger Nachmittag, ideal für ein Katzennickerchen. Die alte Bauernhofkatze lag schläfrig neben der Scheunentür auf einem Haufen Stroh, und die Sonne wärmte ihr gestromtes Fell. Die Katze dehnte sich, fuhr ihre Krallen aus und zeigte ein rosa Gähnen. Die Bienen summten auf der Suche nach Blütenstaub, Vögel zwitscherten in den Bäumen und ließen die Katze mit dem Namen »Mutter« in tiefen Schlaf sinken.

Die Kätzin träumte davon, wie sie sich in den dunklen Winkeln der Scheune an Mäuse heranschlich; ihre Schnurrhaare zuckten, und ihre Zähne klapperten leise vor Aufregung und Vorfreude ... Doch, um bei der Wahrheit zu bleiben, die Tage, in denen Mutter gemaust hatte, waren schon lange vorbei, und ihre deutlich sichtbaren Rippen zeugten von häufigem Hungern.

Sie rollte sich eng zusammen, so als wollte sie all die kleinen Kätzchen beschützen, die im Lauf von einem guten Dutzend Jahren immer wieder in ihr Leben getreten waren. Wegen ihrer hundert Kinder und wegen deren Kinder und wiederum deren Kinder war sie einfach »Mutter« genannt worden, und es war schon viele Katzen-Generationen her, dass man noch ihren einstigen Namen gekannt hatte.

Ein sanfter Luftzug spielte in ihrem Fell, und ihre langsamen Atemzüge folgten mit leisem Rasseln dem Rhythmus tiefsten Schlafes. Sie hörte das verstohlene Pfotentappen, das sich ihr näherte, nicht und erwachte erst, als sich ein Schatten an ihr vorbeibewegte und die Sonne verdunkelte.

»Miau?!« Sie schreckte aus dem Schlaf und schaute angestrengt zu den Umrissen einer großen Katze, die vor ihr saß. Sie richtete sich steif auf und kniff vor der Sonne die Augen zusammen, und ein leises Keuchen war zu vernehmen.

Vor ihr saß die wunderschönste Katze, die sie jemals gesehen hatte, mit einem Pelz wie von poliertem Gold, Streifen von Goldbraun, großen saphirfarbenen Augen und großen Ohren mit Haarbüscheln daran. Um den Hals trug sie eine feingliedrige Goldkette, an der ein Amulett hing, und von ihrer ziegelroten Nase bis hin zu der dunklen, wilden Zeichnung um ihren Schwanz herum war sie der Inbegriff feliner Schönheit.

Mutter war zu überwältigt, um etwas sagen zu können. Die goldene Katze wandte ihren Blick von Mutter ab und musterte die Umgebung, und dann sprach sie.

»Gesegnete Katze mit dem Namen ›Mutter‹, du bist alt und müde, und ich bin gekommen, dich nach Hause zu holen. Ich kenne dich schon seit vielen Jahren und weiß um deine Mühen und Kümmernisse. Mit dem heutigen Tag wird all dies vergessen sein, und du wirst in meinem Tempel wohnen, wo es dir an nichts fehlen wird. Meine Diener werden dich umsorgen. Du wirst ein Sofa in der Sonne haben, frischen Fisch, und alle werden dich lieben und achten.«

Mutter bemühte sich, ihre Stimme wiederzufinden, und sie war sich nicht ganz im Klaren, ob dies ein Traum war oder nicht.

»Und wer, wenn ich fragen darf, seid Ihr, und wo in aller Welt kommt Ihr her?«, stammelte Mutter schließlich hervor.

Die wunderschöne Katze lächelte verschmitzt.

»Ich bin Bastet, und ich komme aus einer anderen Zeit und von einem anderen Ort. Ich wohne in Ägypten, in der Nähe des Flusses Nil, im Tempel von Bubastis – der sehr nett ist, soweit man das von einem Tempel sagen kann. Ich bin die Auserwählte Ras, des Sonnengottes, sowie der Fruchtbarkeitsgöttin, Beschützerin aller Mütter und Kinder … und ich habe noch einige andere Titel und Aufgaben, an die ich mich im Moment nicht so genau erinnern kann.«

»Was habt Ihr mit mir vor, und warum sollte ich von hier weggehen wollen?«, fragte Mutter. »Dies ist mein Zuhause.«

Bastet warf einen Blick auf die Scheunentür, die schief an einer Angel hing, auf den Misthaufen nebenan, auf die verlotterten und rostigen Fahrzeuge der Menschen, und sie schniefte.

»Zuhause? Ist nicht besonders viel los damit, oder?«
Mutter folgte dem Blick der goldenen Katze, wie er über ihre
Welt schweifte, und ließ den Kopf hängen.

»Ich weiß schon, dass es für einen Außenstehenden nicht viel
hermacht, aber es ist eben alles, was ich je kennengelernt habe.«
»Liebe Katze«, sagte Bastet sanft. »Verlasse diesen Ort. Deine
Kinder sind jetzt fast alle fort, auf der Straße überfahren, verhun-
gert, von Krankheiten geschüttelt und leidend, ihre Jungen von Fal-
ken geraubt, von Hunden gebeutet, von Menschenbuben gequält –
und die wenigen, die gesund geblieben sind, vermehren sich unge-
hemmt. Ihr alle schafft es kaum, euch am Leben zu halten. Der
Mann und die Frau hier wissen euch nicht zu schätzen; sie mögen
euch nicht. Wann haben sie euch zum letzten Mal auf den Arm genommen oder gestreichelt oder eure Wunden verarztet oder eure
Toten beerdigt und um den Verlust getrauert? Gelegentlich werfen
sie euch ein paar Brocken zu, aber selbst in den kältesten Nächten
müsst ihr euch im Stroh vergraben, um etwas Wärme zu finden.
Komm mit heim zu mir, wo du deine alten Knochen an einem
Herd wärmen kannst und wo du nie mehr erleben wirst, wie Hunger an dir nagt.«

Mutter blinzelte, und die Wahrheit ließ die Welt, die sie Zuhause
nannte, irgendwie recht öde und schäbig erscheinen. Sie schluckte
schwer, bevor sie antwortete.

»Eure Höchst Wunderschönheit, ich kann nicht abstreiten, dass
es wahr ist, was Ihr sagt, aber ich werde hier gebraucht. Wer soll
dafür sorgen, dass die Kätzchen nicht in den Feldern herumstreu-
nen und sich verlaufen oder in den Fluss fallen? Was ist, wenn eine
Ratte auftauchen sollte oder ein Fuchs – wer würde dann meine Familie warnen? Was wäre, wenn der Mann krank würde oder gar
stürbe? Vielleicht würde die Frau dann Trost brauchen.«

Bastet sah sie an und zog die Augen zu schmalen Schlitzen zusammen. Sie war es eher gewohnt, Befehle zu erteilen als sich zu
unterhalten.

»Liebste Mutter. Du hast es verdient, an einem besseren Ort zu
leben. Du hast Kätzchen gesäugt, bis dir die Zitzen weh taten. Du

hast die Jungen, um die du dich gesorgt hast, sterben sehen. Die Menschen sind Narren! Sie sind blind gegenüber der Schönheit und hartherzig. Würden sie dich wirklich lieben, würdest du dann allein hier im Stroh schlafen, ohne auch nur ein freundliches Wort oder ein Streicheln? Komm, folge mir zu meinem Tempel aus Gold und lebe in alle Ewigkeit mit mir im Paradies.«

Mutter schüttelte bedächtig den Kopf: »Nein.«

»Es tut mir leid, allergnädigste Katze, aber ich kann nicht. Dies ist mein Zuhause, so wie es nun einmal ist. Ich habe dem Mann und der Frau schon seit langem vergeben. Ich gehöre hierher, zu diesen Hügeln – das da sind meine Bäume, mein Fluss, meine Scheune, mein Hof. Meine Kinder und ihre Kinder und deren Kinder brauchen mich. Bitte, haltet mich nicht für undankbar, aber ich bin, auf meine eigene Weise, glücklich.«

Bastet ließ den Schwanz hin- und herschlagen. Keinen Gehorsam zu finden war eine neue Erfahrung für sie, aber aus Achtung vor solcher Aufrichtigkeit und Loyalität – auch wenn sie sie für töricht hielt – sprach sie sanft.

»Es ist offensichtlich, liebe Mutter, dass ich dich nicht umstimmen kann, aber ich kann dich auch nicht verlassen, ohne dich in irgendeiner Weise zu belohnen. Sicherlich gibt es etwas, was du dir für dich selbst wünschst.«

Mutter dachte einen Augeblick nach. Sie hatte nie besonders viel besessen, das war schon richtig, aber sie hatte auch keine rechte Vorstellung davon, was eine Katze sonst noch haben oder sich wünschen könnte.

»Nun, ich denke, ich möchte gerne meine Krallen behalten – ich habe gehört, dass die Menschen manchen Katzen die Krallen abschneiden, und ein Leben ohne meine Krallen kann ich mir gar nicht vorstellen.«

Nun war Bastet an der Reihe, den Kopf zu schütteln. Hatte es jemals eine Katze gegeben, die weniger Ansprüche stellte als diese hier, die man Mutter nannte?

»Deine Krallen sollst du behalten, Mutter. Aber es sollte noch etwas mehr sein, als nur das. Lass' mich nachdenken. Ja, das ist es!

Alle Katzen, die ein solches Farbmuster haben wie du, sollen fortan das Zeichen meines Amuletts um den Hals tragen, zur Erinnerung an diese Begegnung. Aber viel ist das noch nicht. Lass mich noch ein wenig nachdenken ...

Ich hab's. Von nun an werden alle Katzen, und wenn auch nur ganz fein, das Zeichen *M* auf der Stirne tragen – zu Ehren der Katze, die man Mutter nennt. Hmm ... das scheint mir aber immer noch nicht besonders viel zu sein.«

Bastet schloss die Augen, und ihre Ohren mit den Haarbüscheln zuckten. In Gedanken ließ sie den Schwanz hin- und herschlagen und stampfte ungeduldig mit den Pfoten.

»Ah, ich weiß!«, verkündete sie schließlich und leckte sich zufrieden die Pfoten. »Von diesem Tag an wird dein Geist, auch wenn du dieses dein irdisches Zuhause schon verlassen haben wirst, immer hier zugegen sein.

Am Rand von Wald und Feld wird der Mann aus dem Augenwinkel eine braun gestromte Katze sehen. Wenn er in seinem Auto fährt, wird er dich am Straßenrand entdecken. Wenn er in einer dunklen Nacht in der Stadt um eine Ecke biegt, wirst du da sein. Unter den Laternen, an Zaunpfählen, in den Alleen, auf Türschwellen – überall wirst du sein, als ständige Erinnerung für den Menschen an das, was er in seiner Dummheit nicht beachtet hat: das einfache, stille, treue, verzeihende Herz einer braun gestromten Katze. Das, verehrte Mutter, wird mein Geschenk, meine Liebesgabe an dich sein.«

Mit dieser Ankündigung schüttelte Bastet reichlich Goldstaub aus ihrem Pelz und schritt in königlicher Anmut und Würde von dannen.

Mutter kuschelte sich in ihr Strohbett und begann ihre Pfoten abzulecken. Sie verstand gar nicht, was da eben gesagt worden war, und fragte sich, ob das Ganze eine Art Wachtraum gewesen sei. Die Sonne schien, die Bienen summten, die Vögel zwitscherten, und Mutter versank in tiefen Schlaf ...

Die Tage vergingen, einer nach dem anderen, und alles war wie immer – so schien es jedenfalls.

Eines Tages, gegen Abend, kam der Mann vom Feld nach Hause. Er lehnt sich schwer gegen den Rahmen der Hintertür des Hauses, zog sich die Arbeitsstiefel von den Füßen und ließ sie mit einem Plumps auf den Boden fallen. Die Frau war damit beschäftigt, den Tisch fürs Abendessen zu decken, und ein Feuer loderte im Herd.

»Hast du mir nicht gesagt, du hättest die alte Mutterkatze gestern tot aufgefunden?«, sagte er zu seiner Frau.

»Ja, das stimmt«, antwortete die Frau, »ich hab' sie heute morgen mit dem Abfall weggebracht.«

»Seltsam. Ich dachte eben, ich hätte sie neben dem Holzstoß gesehen, als ich hereinkam«, sagte er.

»Komisch, dass du das sagst. Ich ging heute morgen vom Briefkasten zurück ins Haus, und ich hätte schwören können, dass ich sie am Feldrand sitzen sah.«

In ihrem Tempel, in einem fernen Land und in einer fernen Zeit, lächelte Bastet.

# Die Jahreszeiten des Lebens

Dies ist der Frühling deines Lebens,
der Anfang unserer Liebe.
Ich lache über deine Tolpatschigkeit,
zeige dir, was du wissen musst,
bewahre dich vor Gefahren, von denen du nichts weißt,
und sorge dafür, dass du gesund heranwächst und gedeihst.
Wir werden spielen und üben, bis …

zum Sommer deines Lebens.
O, was für eine Schönheit bist du geworden!
Du bist gewachsen, du selbst geworden,
und lebst in vollen Zügen.
Wie eine Sonne brennt in dir die Leidenschaft zu leben.
Viel hast du gelernt und erfahren,
aber vielleicht kannst du nicht alles schätzen, bis …

zum Herbst deines Lebens.
Du bist gelassener, ruhiger geworden.
So lange schon liegt die Zeit zurück,
in der du Schwierigkeiten verursacht hast,
dass ich fast schon den Frühling deines Lebens vergessen hätte.
Deine Farben leuchten immer noch kräftig,
aber ich bemerke einen Hauch von Reif an deiner Schnauze –
der kündet, dass noch eine Jahreszeit bleibt …

der Winter deines Lebens.
Dein Blick ist wolkenverhangen wie der Dezemberhimmel.
Ich werde mich nun ebenso um dich kümmern,
wie ich es im Frühling deines Lebens tat,
und ich verspreche dir, dass du so sanft scheiden wirst
wie der Schnee von gefrorenen Feldern.

Ich werde an deinem Grab sitzen und weinen
Und mich an alle Jahreszeiten deines Lebens erinnern –
meiner eigenen Jahreszeiten eingedenk.

# Ernest – die Bedeutung eines Lebens

Seit gestern abend hatte Ernest seine Hinterläufe nicht mehr gebrauchen können, und heute morgen hatte er vor Schmerz laut
aufgejault. Es war an der Zeit gewesen, sich zu verabschieden. Sein
seit zwei Wochen andauernder Kampf gegen das Nierenversagen
war nun vorbei.

Ich hatte gedacht, wenn ich schon auf dem ganzen Weg zur Tier-
arztpraxis Tränen vergoss, hätte ich vielleicht vor dem Tierarzt selbst
nicht mehr zu weinen brauchen. Aber ich hatte mich getäuscht.
Glücklicherweise hatte ich daran gedacht, ein Badetuch mitzuneh-
men. Ernest mochte keine kalten Tische aus rostfreiem Stahl.
Zwanzig Dollar, um Beschwerden zu beenden und weiteres Leiden zu verhindern. Für meine Freunde habe ich oft weit mehr für
ein Geschenk ausgegeben, das der jeweiligen Situation nicht im
entferntesten so angemessen gewesen war.

Wenn wir uns schluchzend über sie beugen, während sie ihren
letzten Atemzug tun, steigt dann ihre Seele auf ihrem Weg in höhere Gefilde durch die unsere hindurch? Bereitet sie eine Bahn, auf
der wir später folgen können? Werden wir sie auch ohne ihre irdi-
sche Erscheinungsform – wenn wir sie allein nach ihrem Geist und
nicht nach ihrer Zugehörigkeit zu einer Spezies beurteilen können
– wiedererkennen, wenn wir ihr dereinst begegnen sollten? Ich
hoffe das sehr.

Ich fuhr durch einen Sturzbach von Regen und Tränen nach
Hause, und ich weiß jetzt, wie es ist, wenn man ein Unterseeboot
steuern muss. An einer Kreuzung blieb ich stehen und beobachtete
die Autos und die Menschen, die emsig ihren alltäglichen Geschäften nachgingen.

»Warum läuten denn keine Kirchenglocken?«, wunderte ich
mich, »oder warum halten sie nicht den Verkehr an, oder legen eine

Schweigeminute ein? Wissen sie denn nicht, dass ich eines der freundlichsten, sanftmütigsten und liebevollsten Wesen im Auto habe, die je auf diesem Planeten herumgelaufen sind?«

Ich dachte über die kleinen Dinge nach, zum Beispiel darüber, wie er sein Hinterteil hin- und herschwenkte, wenn er lief.

Und ich dachte über die gewaltigen Dinge nach, zum Beispiel darüber, wie es dazu kommt, dass ausgerechnet der einzigen unvollkommenen Spezies auf dieser Welt – der einzigen, die sündigt und schwer an ihrer Schuldenlast trägt – die Herrschaft über den ganzen Erdkreis verliehen wurde. Und darüber, dass sie die Verantwortung, die damit verbunden ist, ernster nehmen sollte.

Ich hob sein Grab in strömendem Regen aus, verzweifelt darauf bedacht, es trocken zu halten. Ernest machte immer einen Bogen um Pfützen. Ich sah mich um, schaute zu den anderen Gräbern, jedes mit einer Pflanze oder einem Baum gekennzeichnet: Amber, Khufu, Sir Edmund, Katerina, Ebony, Viva … zu viele. Auf zwei Kontinenten hatte ich all das während Jahrzehnten schon getan. Warum schien es immer ausgerechnet dann zu regnen? Weinte jemand mit mir?

Ich erinnerte mich daran, was für ein Kuddelmuddel Ernest und sein Bruder Julio immer veranstalteten, als wären sie »Dick und Doof« der Beagles. Wie er ausrastete und eine Wölfin davonjagte, als sie allzu aufdringlich und lästig wurde. Wie er die Minuten bis zur Futterzeit zählte und dann »sang«, bis er sein Essen bekam. Ich bin dem Vorbesitzer der beiden, einem Jäger, so dankbar, der sie vor einigen Jahren in meiner Straße ausgesetzt hatte, und dann auch meinen Nachbarn in dieser Straße, die das taten, was sie immer tun: Sie ignorieren jedes herumstreunende Tier einfach so lange, bis es in unseren Zuständigkeitsbereich gerät. Diesen Nachbarn verdanke ich einige der besten Freunde, die ich je hatte – zu welcher Spezies sie auch gehört haben mochten.

Ich erinnerte mich daran, wie er es immer schaffte, noch mit dem Schwanz für mich zu wedeln, selbst als er schon zu schwach war, allein zu essen oder zu trinken. Auch wenn ich seine Haut mit Nadeln durchstechen musste, um ihn mit Flüssigkeit zu versorgen, wurde der Blick voll absoluten Vertrauens und unerschütterlicher Hingabe in diesen wunderschönen braunen Augen niemals unstet. Ich schloss ihm die Augen und gab ihm einen letzten Kuss.

Nun muss ich Julio sagen, dass Ernest gegangen ist, und dass er jetzt öfter und lauter singen muss – als Ersatz für das eingetretene Schweigen. Das wird er sicher gerne tun. Und ich muss ihm erklären, dass er Ernests Futterportion nicht auch noch haben kann – nein, wirklich nicht! Dann werde ich ihn umarmen und wahrscheinlich noch ein bisschen weinen, und wir beide werden uns daran erinnern, wie wunderbar wichtig Ernest für uns war.

# Du warst mir der Liebste

Hier trennen sich also die Wege, mein Freund,
du gehst dahin, läufst weiter, um die Biegung,
aus den Augen entschwunden, doch niemals aus dem Sinn;
neue Freuden werden dort wohl auf dich warten.

Ich werde weitermachen, die Kraft will ich schon finden.
Das Leben wird nach Qualität, nicht Quantität bemessen.
Eine lange Umarmung, bevor du mich verlässt,
ein letzter Tausch von Blicken, bevor mich Trauer überkommt.

Zwar gibt es andere, so viel ist wahr,
doch sie sind sie, sie sind nicht du.
Und ich, fair, unparteiisch, so meine ich jedenfalls,
werde mich gut an alles erinnern, was du mich lehrtest.

Deinen Platz will ich freihalten, vermissen werd' ich dich –
das Fell, das ich streichelte, die Nase, die ich küsste.
Und wenn du nun auf die Reise gehst, zu deiner letzten Ruh,
so nimm dies mit: Der Liebste warst mir du.

# Im Fotostudio
# (aus der Basset-Chronik)

In letzter Zeit ist das Warten auf unseren ländlichen Postboten einerseits zu einer freudigen Angelegenheit geworden, andererseits ist es auch Anlass zu ständiger Furcht. Wir hatten uns bei einem Forum angemeldet, der Bassethound-Kartentauschbörse »Howliday«, dessen Mitglieder sich damit beschäftigten, untereinander selbst gefertigte Karten zu verschicken. Und diese Karten, die täglich bei uns eintrafen, eine netter und putziger als die andere, haben uns sehr oft zum Schmunzeln gebrach. Es waren Bassets in Ferienkostümen zu sehen, Gruppen von Bassets, die vor Kaminen posierten, makellos gestriegelte Bassets umgeben von makellos gekleideten Kindern – Karten mit Abziehbildern, Karten mit Schleifen, mit Glitzerzeug bestreute Karten.

Ich bin ein ganz passabler Fotograf, wenn ich mich erinnern kann, wohin ich meine Kamera gelegt habe. Ich besitze einen Computer und einen Farbdrucker (»Wer von euch Katzen hat einen ausgewürgten Haarklumpen in meinem Drucker deponiert?!«). In unserem Haushalt leben fünf Bassets, und die Aussichten, alle fünf auf dasselbe Foto zu bekommen, scharf, gut ausgeleuchtet, ordentlich gebürstet und ohne Blutvergießen, sind etwa so gut wie die, dass der höchste Gerichtshof in Florida zu der Entscheidung kommt, dass tatsächlich ich die Wahlen gewonnen habe. Und die Chancen, fünf einzelne Fotos von akzeptabler Qualität rechtzeitig für Weihnachten zustande zu bringen, stehen … leider fehlt mir die Zeit, darüber Hochrechnungen anzustellen.

Auf der Suche nach einem Fotostudio fuhr ich mit dem Finger über die Gelben Seiten des Telefonbuchs, bis ich eines fand, das landesweit einen sehr guten Ruf genoss, und ich vereinbarte einen Termin.

»Liebling«, sagte ich zu meiner Frau, »ich habe beschlossen, professionelle Hilfe in Anspruch zu nehmen.«

»Eine Therapie anzufangen ist ja keine Schande, mein Lieber«, war ihre aufmunternde Antwort.

»Nein! Ich gehe mit den Bassets in ein Fotostudio, um ein Ferienportrait aufnehmen zu lassen. Möchtest du mitkommen?«

»O nein … danke! Ich schätze, ich unternehme lieber etwas, das Spaß macht. Ich könnte mir zum Beispiel die Weisheitszähne ziehen lassen.«

Ich richtete Flash, Alexis, Hyazinth, Gabriel und Gallagher so präsentabel her, wie es mir nur möglich war. Im Falle eines Basset bedeutet dies, dass die Ohren sauber und die Krallen ordentlich geschnitten sind. Ein solches Unterfangen geht allerdings nicht geräuschlos vonstatten.

»Aaaarrgh! Mörder! Ich rufe den Tierschutz, das Veterinäramt! Diese da hast du zu kurz geschnitten, ich verblute, ich sterbe. Mammaaa!« – »O weh, meine Ohren, meine Ohren! Ich bin nun für immer taub!« – »Hillfeee!! Ich hab' Ohrenreiniger in die Augen bekommen. Ich seh' nichts mehr! Ich werde blind!« – »Ich hab ein Wattestäbchen verschluckt, ich ersticke!«

Als nächstes hatte ich den Lieferwagen mit allem für die Fahrt Nötigen auszustatten: Decken, Kissen, Küchenrollen für etwaige Missgeschicke und Leckerli, um alle bei Laune zu halten.

»Seid ihr alle fertig?«, fragte ich, als ich wieder ins Haus kam.

»Hier, unterschreib' das, alle drei Ausfertigungen«, entgegnete Alexis, und legte mir einen Stapel Papier vor die Füße.

»Was ist das?«, fragte ich, während ich die Papiere durchblätterte.

»Das ist von meinem Agenten bei der William-Morris-Künstleragentur. Vermittlung von Fotomodellen.«

»Hör' auf mit dem Blödsinn, Alexis, und steig' ins Auto.«

Die Hunde und ich fuhren in Festtagsstimmung zum Fotostudio, und unterwegs sangen wir frei nachempfundene Weihnachtslieder, um uns die Zeit ein wenig zu vertreiben. Die Bassets taten sich besonders bei »Stille Nacht, heulende Nacht« und »Süßer die Hunde nie bellen« hervor.

Ein nervös dreinblickender Fotograf, der eine Baskenmütze trug, kam uns im Empfangsbereich des Studios entgegen und stellte sich als Monsieur Lentille vor.

»Es isd mir ein grand Plaisir, Ihre Bekanntschaft su maken.« Zaghaft schüttelte er meine Hand. »Un dis sind die klaine 'ündschen – petits chiens!«

Alexis knurrte.

»Et maintenant, wir werden ensemble 'ineinge'en. Bitte, maken Sie der Arrrrangement mit die 'unde dort auf diese Podeste-là, exactement vor die Camera.«

Alexis knurrte etwas tiefer.

»Wir werden diese erste Film ohnö Blitzlischt-Flasch maken«, erklärte er.

Flash, der glaubte, er sei gemeint, sah ziemlich niedergeschlagen aus. Alexis grinste.

Ich begriff allmählich, was Monsieur Lentille meinte, nämlich dass er natürliches Licht verwenden wolle. Ich hob die Hunde hoch, einen nach dem anderen, und setzte sie auf die verschiedenen Stufen des Podestes, auf dem sie posieren sollten, und natürlich hoffte ich, dieses »Arrrrangement« werde den Beifall von Monsieur Lentille finden. Die Hunde sahen ruhig und nachdenklich aus, und das war immer ein Anzeichen, dass Gefahr drohte.

»Sind nuhn allöh fertisch?«, fragte Monsieur Lentille, und ich nickte.

»O-ooh! Wer hat den Käse geschnitten?«, hustete Alexis.

»Gabriel«, sagte Gallagher.

»Ich war's nicht!«, protestierte Gabriel, »Flash war's!«

»Hmmpf! Das bin ich nich gewesen, wiaklich«, sagte Flash und schaute vielsagend zu Hyazinth. Hyazinth benahm sich noch einmal daneben.

»Uuoohh! Würg! Holt mich hier 'runter, ich ersticke«, heulte Alexis.

»Wo is das Probläme?«, fragte Monsieur Lentille, der offensichtlich kein Basset verstand – was allerdings nicht das Fehlen jedes olfaktorischen Sinnes erklärte.

»Puuh!« Ich wedelte heftig mit der Hand vor meiner Nase herum. »Also bitte, das reicht jetzt aber wirklich. Wir wollen uns jetzt zusammennehmen und ein paar schöne Fotos machen lassen.« »Fertisch maintenant?«, fragte Monsieur Lentille erneut, nun etwas ängstlich. Ich nickte, und Alexis schielte misstrauisch zu Hyazinth.

»Autsch!« jaulte Hyazinth.

»Was ist denn jetzt wieder los?«, fragte ich.

»Jemand hat mich gezwickt.«

»Alexis!«, sagte ich vorwurfsvoll.

»Ich nicht, ich – hallo, weckt ihn auf, bevor er … Achtung!!«

Der alte Flash war eingedöst, hatte sich gegen Gallagher gelehnt und damit einen Domino-Effekt ausgelöst. Bassets purzelten, kollerten und plumpsten von ihren erhöhten Plätzen herunter. Scheinwerfer und Lampenschirme schwankten und stürzten um. Monsieur Lentille wollte zur Seite treten und verfing sich dabei in seinem dreibeinigen Stativ; das nachfolgende Krachen hörte sich ziemlich teuer an. Die Mélange der »petits chiens« ähnelte einem Haufen britischer Fans nach einem verlorenen Rugby-Match.

»Aua! Mein Schwanz! Geht doch von meinem Schwanz 'runter!« – »Arrff! Nimm deine dicke Pfote von meinem Ohr! Weg da!« – »Geh mit deiner stinkenden Pupsschnauze von meinem Gesicht.« – »He, was fällt dir ein! Papaa, sie hat mich ins Ohr gebissen!«

»Das reicht!«, rief ich.

Monsieur Lentille arbeitete sich aus der Unfallstätte heraus, wischte sich die Stirn und stöhnte laut beim Anblick seiner Ausrüstung.

»Mon Dieu! Meine Equipement, sie ist complètement ruiniert!«, jammerte er und versuchte angestrengt, das vollgesabberte Porträtobjektiv sauber zu wischen.

»Oh, es tut mir ja so leid«, entschuldigte ich mich.

»Leid? Sie werde die Reschnung für all diesö Debakel er'alten! Isch bin Kühnstler – dies ist ein Travestie, ein Katastroph! Sie werden diese Monstör augenblicklisch entfernen. Isch rufe die Gendarmerie!«

»Selbstverständlich, mein Herr«, quäkte ich kleinlaut.

Wir verbrachten einen komplizierten, nicht sonderlich angenehmen Nachmittag und fuhren in gedrückter Stimmung nach Hause, zu erschöpft, um auch nur eine Strophe des »Aauuuleluuuija«-Chorals zu singen.

»Du liebe Zeit, ihr wart ja ziemlich lange weg: Und wie hat es mit den Porträtaufnahmen geklappt? Sind die Bilder gut geworden?«, fragte meine Frau, während sich die kriminellen Subjekte eines nach dem anderen ins Haus schlichen.

»Man bezeichnet sie vielleicht besser als ›Fahndungsfotos‹; sie kommen vermutlich in die Verbrechergalerie. Auf der hiesigen Polizeiwache hat man noch niemals eine solche Menge von Finger-, äh, Pfotenabdrücken genommen wie heute. Das Geld für unsere Weihnachtspost habe ich verwendet, um die Kaution zu bezahlen. Und niemand wird uns glauben, wenn wir erzählen, warum unsere Weihnachtskarten zu spät kommen.«

# Überlebenstraining mit Alexis (aus der Basset-Chronik)

Das Geräusch der Abfalltonne aus Metall, auf die unablässig jemand mit einem harten Gegenstand schlug, störte meine Konzentration ganz empfindlich, und ich ging nach draußen, um nachzusehen, was los war. Alexis hatte einen dicken Knüppel im Maul und klopfte damit rhythmisch Dellen in die Tonne.

»Alexis! Waa-was um Himmels Willen soll denn das schon wieder?!«, stotterte ich.

»Ich rufe alle zu einer Versammlung des Stammesrates«, antwortete sie unschuldig, »wir spielen ›Überleben in der Wildnis‹. Wie im Fernsehen. Reality-Show, verstehst du?«

»Ach ja, wirklich. Und zu welchem Stamm gehörst du?«, fragte ich.

»Ich bin Häuptling des Stammes ›Bassetonia‹, und Shania ist Häuptling des ›Dingdong‹-Stammes‹.«

»Aber die Bassets sind doch nur zu siebt und …« – ich unterbrach mich beim Anblick einer großen Ansammlung von Hunden aller Farben, Rassen und Größen, die gerade um die Ecke bogen; sie trugen einen Kopfschmuck, der wohl lange Ohren vorstellen sollte und aus zerrissenen Hundebetten und -decken bestand.

»Aha, und du findest es fair, dass auf deiner Seite dreiundzwanzig antreten – gegen Shania, Apollo, Frasier und Julio?«

»Jawoll«, versetzte Alexis. »Ich stelle die Regeln auf, und es ist ja sinnlos zu spielen, wenn ich nicht gewinne. Aber wenn ich bedenke, dass du deine Knabenzeit damit verbracht hast, dich beim Backgammon fix und fertig machen zu lassen, kann ich wohl kaum erwarten, dass du das begreifst.«

Ich ließ den Blick über das aufgeputzte Rudel schweifen, bemerkte einige Küchenutensilien, die geschwungen wurden, und sah den armen kleinen Harry Potter, unseren neuesten Pflegehund, der äußerst verwirrt dreinguckte und ein Sieb auf dem Kopf trug – und dann verengten sich meine Augen.

»Dürfte ich bitteschön fragen, was meine Bodenfräse inmitten des Hundebassins zu suchen hat?«

»Wellenerzeugung«, erklärte Alexis. »Wie sollen denn deiner Meinung nach unsere Rettungsboote vom Fleck kommen? Sollen wir vielleicht mit den Pfoten paddeln?«

»Hol' das Ding sofort 'raus! Und übrigens, wo ist Shania mit ihrem Team, äh, Stamm?«

»Wir haben sie hinten hinaus geschickt, in den Dschungel. Spezialauftrag! Es geht darum, für die nächste Runde extra Bonus-Punkte zu machen. Ihre Mission ist, eine Herde blutdurstiger Rehe herbeizuschaffen. Wir befürchten allerdings, dass sie bereits gefressen wurden.«

»Rehe fressen kein Fleisch, sie sind reine Pflanzenfresser, Herbivoren.«

»Ihr Menschen glaubt das bloß, weil sie auch gleich die Knochen mitfressen – das ist also kein Beweis.«

»Ich weiß nicht, was du im Schilde führst, aber ich rate dir im Guten, mit deinen Streichen ja niemanden in Gefahr zu bringen, Alexis!«

»Nur weil wir vor Hunger fast rasend sind, bedeutet das noch lange nicht, dass wir jemanden verletzen werden – haben wir doch in den letzten neununddreißig Tagen nichts als Reis zu essen bekommen, während unsere Nahrung üblicherweise aus Yuppies besteht«, meinte Alexis.

»Reis? Yuppies? Wovon redest du eigentlich? Ihr Kerle verspeist selbstzubereitetes Futter, das hochwertiges, zum Verzehr durch Menschen geeignetes Fleisch enthält.«

»Oh, ein Missverständnis«, sagte Alexis, »wir dachten, es handle sich um zum Verzehr geeignetes Menschenfleisch.«

»Sei doch nicht albern. Also, meinst du nun, ihr könntet euch einem Spiel widmen, bei dem es nicht nötig ist, auf Metall 'rumzuscheppern, damit ich mit meiner Arbeit ein wenig voran komme?«

»Na klar. Aaachtung: Schlauer sein!! Besser spielen!! Ausdauernder sein!! Schneller, härter!«, bellte sie, bis schließlich dem kleinen Harry das Sieb über die Schnauze herunterrutschte.

»Ihr da!«, schnauzte sie wie ein Feldwebel in einem Ausbildungslager die ihr am nächsten stehende Gruppe wartender Hunde an, »mehr Schützenlöcher! Ihr anderen, nehmt diese Trennwand da weg, der Telefonleitungsmast da drüben ist im Weg, spitzt die Stöcke an, wir brauchen mehr Ölzeug. Und haltet die Augen offen, hier gibt's Erdvipern und Kannibalen! Wegtreten, Marsch! – Wie spät ist es?«, fragte sie mich unvermittelt.

»Gleich zwei Uhr«, antwortete ich, ziemlich durcheinander und ernstlich besorgt, was einige der neuen Aktivitäten betraf. »Warum fragst du?«

»Also vorwääärts, Leute, der Stamm zählt auf euch!«, kommandierte Alexis. »Ich muss jetzt gehen«, sagte sie zu mir, »meine Seifenoper fängt gleich an. Tja, ›gute Zeiten – schlechte Zeiten‹ …«

# *Kann jemand meiner Kusine Sadie helfen?*

Mit diesem Aufruf wende ich mich an alle Menschen. Ich brauche Hilfe! Mein Name ist Stella, und ich bin eine reinrassige Hündin – das, was ihr wohl als »zuchttauglich« bezeichnen würdet. Ich lebe in einem riesigen Massenhaltungstierheim in Minnesota. Hier gibt es einige Tausend Hunde. Ich befinde mich seit etwa acht Jahren hier (damit meine ich Menschenjahre), und ich schätze, dass ich mindestens zweihundert Welpen zur Welt gebracht habe. Mindestens.

O, ich möchte nicht, dass Sie einen falschen Eindruck bekommen – ich bin keineswegs in Gefahr, nein, um so etwas geht es überhaupt nicht. Hier sind Menschen, die sich um uns kümmern. Jeder von ihnen hat etwa hundert Hunde mit ihren Würfen und Welpen zu betreuen, aber letzten Endes schaffen sie es irgendwie immer, uns alle zu versorgen. Ich bin sicher, dass ich jeden Tag mindestens einmal den Kopf getätschelt bekomme. Ich habe einen Käfig aus rostfreiem Stahl, und ich habe darin Platz genug, um mich hinzulegen und umzudrehen. Wir bekommen zwei Mahlzeiten am Tag, zwar nur trockenes geschrotetes Zeug, aber das Wasser ist jedenfalls sauber. Sie haben sogar Tierärzte, die hier arbeiten. Anfänglich ist es uns seltsam vorgekommen, dass sie Leute finden konnten, die studiert haben, um Ärzte zu werden, und dann einen Eid abgelegt haben, dass sie sich der einfühlsamen Betreuung von Tieren widmen wollten, und nun doch bereit sind, hier zu arbeiten, aber es ist ihnen offenbar gelungen.

Aber ich habe nun genug von mir geredet, denn es geht ja um meine Kusine Sadie, um die mache ich mir Sorgen. Wissen Sie, ich habe sie seit unserer Welpenzeit nicht mehr gesehen. Natürlich können wir uns nicht schreiben und nicht miteinander telefonieren, aber gelegentlich schnappe ich so ein Gerücht auf, ich höre »etwas läuten«, wie man so sagt. Einige der Lieferwagen, in denen all die Welpen von hier, wo ich lebe, zu den Tierhandlungen gebracht werden, fahren auch zu dem Ort in Kansas, an dem Sadie untergebracht ist. Und ich höre so manches über diesen Ort, und das macht mir Sorgen.

Ich habe gehört, dass Sadie in einer kalten und zugigen Scheune lebt – so ist es jedenfalls im Winter, denn es gibt keine Heizung. Und im Sommer ist die Scheune ein Backofen, ohne kühlende Frischluft. Der Mann, der die Zucht betreibt, hat kaum Hilfskräfte, und Sadie ist mit ein paar Hundert anderen Hunden dort untergebracht. Ihre Käfige stehen erhöht auf Klötzen und haben Böden aus Draht, damit man sie besser mit dem Schlauch ausspritzen kann, gleich mitsamt den Hunden (obwohl es hieß, dass sie selten gereinigt werden), und ich fürchte, dass der Draht Sadies Pfoten bestimmt weh tut. Außerdem habe ich gehört, dass die Hunde dort nur einmal am Tag und dann noch schimmeliges Futter bekommen, dass ihr Wasser, wenn sie überhaupt welches haben, mehrere Tage alt und schmutzig ist. Sadie hat sogar noch mehr Kinder gehabt als ich, und wie ich gehört habe, ist etwa die Hälfte von ihnen gestorben.

Arme Sadie! Mir bricht es fast das Herz, wenn ich mir das alles vorstelle. Es ist einfach schrecklich! Und ich glaube nicht, dass ich irgend etwas dagegen tun kann. Ich muss ja davon ausgehen, dass ich die nächsten paar Jahre noch hier sein werde, und wer weiß, was danach kommt. Aber ich möchte wenigstens gerne erfahren, wie es Sadie geht, und wenn sie hier mit mir im Luxus leben könnte, würde sie – das weiß ich sicher – genau die gleichen Fragen stellen wie ich:

Wenn Ihr jetzt genug Welpen habt, meint Ihr nicht, wir könnten dann bald einmal nach Hause gehen? Ich bin mir nicht so ganz sicher, was »Zuhause« eigentlich ist, aber ich höre die Menschen hier immer davon reden, dass sie am Feierabend »nach Hause« gehen, und sie erzählen mir, dass alle meine Welpen ein neues »Zuhause« gefunden haben. Ich schätze, Sadie und ich würden eines

Tages auch einmal ganz gerne ein »Zuhause« ausprobieren und schauen, ob uns so etwas gefällt.

Wir wären für jede Hilfe, die Sie uns zukommen lassen könnten, wirklich äußerst dankbar.

Mit ergebensten Grüßen,

Ihre Freundin Stella

# Du warst nicht der, den ich wollte

Ich wollte weiß, aber schwarz warst du,
ich wollte brav, doch du hörtest nie zu.
Ich wollte reinrassig, du warst gemischt,
du liefst davon und wurdest erwischt.

Ich wollte glattes Haar, doch deines war kraus,
ich wollte Süßes, kriegte Saures ins Haus.
Ich wollte ein Mädel, bekam einen Jungen,
ich wollte spielen, du bist kaum je gesprungen.

Ich wollte stubenrein, das warst du mitnichten,
du wolltest den Teppich zerstören, den Rasen vernichten.
Ich wollte groß, du warst leider klein,
ich wollte fröhlich, du wolltest schwermütig sein.

Ich wollte klug, das warst du nicht,
du wolltest zu ihr, und ich ließ dich nicht.
Ich wollte jung, du warst schon alt,
ich versuchte es draußen, es war dir zu kalt.

Ich wollte gesund, du liebtest den Veterinär,
du unmöglicher Kerl, mit dir hatte ich's schwer!
Ich wollte schlank, du warst dick und bequem,
ich wollte so viel – du warst nichts von alldem.

Ich weinte, als ich zum letzten Mal deine Schnauze küsste,
und ahnte nicht, wie sehr ich sie später vermisste.
Du warst so stur wie aus Beton,
doch letzten Endes: Der eine, den ich wollte, warst du eben schon!

# *Was bedeutet T.o.e.l.e.?*

Dudley war sich nicht sicher, seit wie vielen Wochen er schon im Tierheim war, aber es kam ihm wie eine Ewigkeit vor. Jeder Tag war genau gleich wie der vorausgegangene, und er verbrachte die meiste Zeit damit, in seinem Zwinger auf der hölzernen Palette zu sitzen, an die Wand zu starren und aufs Futter zu warten. Das Leben bei seinen früheren Besitzern war zwar nur von kurzer Dauer und auch nicht eben großartig gewesen – er wurde nicht geliebt und war auch gar nicht erwünscht –, aber es war dennoch besser als das hier, dachte er.

Er beschäftigte sich damit, eine Fliege an der Wand zu beobachten, als er plötzlich einige der anderen Hunde bellen hörte; sie begrüßten den alten Bluthund Humphrey, der seine übliche Morgenrunde machte. Hinter seinem Rücken nannten ihn die anderen »Harrumpfrey« wegen seiner Angewohnheit, sich mit einem »Harrumpf« zu räuspern, wenn ihm etwas missfiel, und das war eigentlich immer der Fall.

Humphrey war das Maskottchen des Tierheims. Er durfte das Gebäude nach Belieben durchstreifen, und nachts schlief er im Büro. Vor etlichen Jahren hatte er einen Hinterlauf verloren, als ein kurzsichtiger Jäger den Unterschied zwischen einem Bluthund und einem Rotwild nicht erkennen konnte, und deshalb mussten sich die Angestellten des Tierheims auch keine Sorgen machen, er könne sich zu weit entfernen.

Humphrey hielt vor Dudleys Zwinger an und inspizierte den jungen Terriermischling, und das verursachte bei Dudley noch größeres Unbehagen. Er ließ den Kopf noch tiefer hängen und wich Humphreys fixierendem Blick aus.

»Du, Junge ... schau etwas lebendiger drein!«, befahl Humphrey. »Es ist Öffnungszeit und gleich kommen die Menschen.«

»Lebendiger?«, seufzte Dudley. »Wozu denn lebendig? Niemand wird mich haben wollen. Nicht einmal Mama wollte mich. Sie sagten, sie hätten mich in einer Mülltonne gefunden, als ich noch ein kleiner Welpe war.«

Humphrey dachte einen Moment darüber nach.

»Natürlich war das so«, sagte er bedächtig. »Sie hat dich da zu deiner Sicherheit hingebracht, ganz klar. Kein sichererer Ort als ein Mülltonne – solider Stahl. Da hätte dir überhaupt nichts passieren können, das kann ich dir versprechen.«

»Mein früheren Besitzer wollten mich auch nicht«, erklärte Dudley. »Sie sagten, sie hätten keine Zeit für einen Hund. Sagten, ich fräße zu viel. Sagten, ich koste zu viel. Sagten, ich passe nicht zu ihren Möbeln. Sagten, sie wollten statt meiner lieber ein Menschenbaby.«

«Harrumpf«, grunzte Humphrey. »Manche Menschen sind zu dumm, um auf sich selbst aufzupassen, geschweige denn mit einem höheren Wesen zu kohabitieren. Der Verlust war auf ihrer Seite, das versichere ich dir. Schau dich doch bloß einmal an! Du bist ein prächtiges Exemplar eines … ähem, also, jeder kann sehen, dass du offenbar ein … äh …«

»Nur eine Töle«, sagte Dudley resigniert. »Nur zu, sag's doch einfach, alle anderen sagen's auch. Ich wurde schon immer ›Töle‹ genannt, und jeder, der diesen Gang hier entlangkommt, zeigt auf mich und sagt: ›Oh, das ist ja 'ne Töle‹, und geht dann 'rüber und guckt sich die Reinrassigen auf der anderen Seite an. Ich bin nicht mal sicher, was eine Töle ist, aber ich weiß, ich bin eine.«

»Nur eine Töle«, ereiferte sich Humphrey. »Nun, ich werde dir schon beibringen, dass es nichts Besseres als ein Töle gibt! Tölen sind gesund, intelligent und tapfer. Hast du nicht bemerkt, dass die Blaublütigen da drüben für gewöhnlich immer nur ein paar Tage, doch die Tölen meist Wochen und Monate hier sind?«

»Ja», sagte Dudley, »weil uns keiner will.«

»Quatsch mit Soße«, dröhnte Humphrey. »Es ist, weil wir es kaum ertragen können, uns von euch zu trennen! Tölen gehören zu den angesehensten Mitgliedern der Kaniden-Gesellschaft.«

»Wenn wir so toll sind, was ist dann eine Töle?«, fragte Dudley argwöhnisch.

»Eine Töle? Ich kann kaum glauben, dass du das nicht weißt.
Eine Töle ist, also, das ist eine alt-, äh, beziehungsweise neumodische Bezeichnung, die bedeutet, äh, Moment mal, wie soll ich es ausdrücken? ... Es ist eine Abkürzung für ... ähem, jawohl ... für ›Terrier, optimal, edel, leider entrechtet‹ ... T.o.e.l.e., also Töle.«

»›Terrier, optimal, edel, leider entrechnet‹ – was soll denn das sein?«, fragte Dudley und stellte die Ohren auf.

»Nicht entrechnet – entrechtet. Entrechtet bedeutet: nicht so behandelt, wie es recht wäre. Das ist der Fehler, den die Menschen zu ihrem eigenen Nachteil machen«, sagte Humphrey im Brustton der Überzeugung.

»Wirklich? Stimmt das auch?«, fragte Dudley.

»Absolut. Es steht sogar in der ›Frohen Botschaft‹ ... Neuteronomium, Kapitel 3, Vers 16, glaube ich.«

»Tja, da soll mich doch ....«, Dudley schüttelte verwundert den Kopf. »Meinst du, der große Kerl im nächsten Zwinger ist auch eine T.o.e.l.e.?«

»Eine ganz seltene Art sogar. Er ist ein Litauisches Lebersprenkel-Schlappohr.«

»Herrjeh. Und das langhaarige Mädchen da drüben ist auch eine T.o.e.l.e.?«

»Du hast ein gutes Auge, mein Junge. Sie ist, ähem, eine Marrokanische Vielfarben-Mixatur.«

»Uiii ... das hört sich ausgefallen an. Und was ist mit dem da?«, fragte Dudley, indem er auf einen kleinen Hund deutete, der sich kaum beschreiben ließ.

»Er? Nun, das ist, glaube ich, ein Chinesischer Lockenhaar-Q-Schwanz Kö Ter.«

»Meine Güte. Wissen diese Hunde eigentlich, dass sie T.o.e.l.e.n sind?«, fragte Dudley.

»Ich bin sicher, sie wissen es«, sagte Humphrey und senkte die Stimme. »Aber eines der kennzeichnenden Merkmale einer T.o.e.l.e. ist Bescheidenheit – du willst doch nicht überall herumlaufen und angeben, bis sich die Hunde mit Stammbaum armselig vorkommen.«

»Verstehe«, sagte Dudley und schüttelte seinen zotteligen Kopf.

»Nun also. Es braucht allerdings etwas mehr als nur den Status einer T.o.e.l.e., um hier 'raus und in das richtige Zuhause 'rein zu kommen. Kannst du irgendwelche Kunststücke?«

»Nö, eigentlich nicht. Ich kann einen ›hysterischen Anfall‹ machen – so haben es jedenfalls meine vorherigen Besitzer immer genannt.«

»Na, wir wollen jetzt mal nicht übertreiben. Ein Quentchen Selbstbeherrschung ist durchaus angebracht«, warnte Humphrey.

»Hey, du drückst dich aber wirklich vornehm aus«, sagte Dudley.

»Meine frühere Besitzerin war eine Bibliothekarin. Möge sie in Frieden ruhen«, sagte Humphrey, und seine Stimme klang etwas belegt und zitterte ein wenig.

»Oh … tut mir leid.«

»Schon gut … ich bin so zufrieden, wie ein Hund nur sein kann«, versicherte Humphrey und versuchte, nicht allzu auffällig auf Beton und Drahtgeflecht zu schauen, die Hauptbestandteile seiner jetzigen Welt, während er in früheren Zeiten Spitzenvorhänge und ein bequemes Sofa gewöhnt gewesen war.

»Du musst dich von deiner besten Seite zeigen und all deine Qualitäten zur Geltung bringen. Du bist tapfer, nicht wahr?«

»Oh ja! Einmal habe ich eine Ratte getötet, die war so groß wie ein Haus!«, brüstete sich Dudley.

Humphrey kniff die Augen ein wenig zusammen.

»Und du bist ganz aufrichtig, nicht wahr?«

»Absolut!«, versicherte Dudley. »… äh, also … äh, in Wirklichkeit war es wahrscheinlich eher eine richtig große Maus.«

»… und ehrlich?«, hakte Humphrey nach.

»Ganz ehrlich. Ähm … die Maus litt an den Folgen einer Vergiftung«, gab Dudley zu.

»Damit hätten wir das also«, sagte Humphrey abschließend. »Ich höre einige Menschen, die auf dem Weg hierher sind … Schnauze hoch, Brust 'raus, zeig' ihnen, was für ein Kerl du bist!«

Und damit marschierte Humphrey in Richtung Büro davon.

Das Menschenpaar zögerte einen Augenblick vor dem Eingang zur Zwingeranlage – so viele Hunde, unter denen eine Wahl zu treffen war. Sie gingen langsam den Gang entlang, lasen die Schildchen, die an den Zwingern angebracht waren, blieben stehen, um Hunde an ihren Händen schnuppern zu lassen und um sie unterm Kinn zu kraulen. Sie schienen ein gutes Herz zu haben.

»Schau mal, Lieber«, sagte die Frau. »Ist der da nicht ein stattlicher Bursche?«

»Zu groß«, sagte der Mann. »Der frisst uns die Haare vom Kopf und bringt uns an den Bettelstab. Mir gefällt der da drüben«, sagte er und deutete auf einen der reinrassigen Hunde.

«Sie ist hübsch, aber sie braucht zu viel Pflege«, sagte die Frau. »Was ist mit dem kleinen Kerl hier?«, fragte sie.

»Der? Das scheint so 'ne richtige Töle zu sein.«

Dudleys Ohren waren im Nu aufgerichtet. Sie redeten über ihn! »Jawoll!«, bellte er, sprang von seiner Palette herunter und rannte zum Gitter der Zwingers vor. »Ich bin eine T.o.e.l.e., und zwar eine großartige! Ich bin intelligent und treu – und ich bin tapfer; einmal habe ich ein Ratte getötet, die war so groß wie … naja, egal. Ich habe vor nichts Angst. Harrff! Sollte jemals ein Dieb in euer Haus einbrechen, beiß' ich ihn in den Knöchel. Wuff! Jawoll, ich bin ein so wertvoller Hund, dass meine Mama mich zur Sicherheit in eine Mülltonne gesetzt hat.«

»Das ist ein temperamentvoller kleiner Kerl, nicht wahr?«, bemerkte die Frau.

»Und schaut mal her!«, bellte Dudley und richtete sich auf den Hinterbeinen auf, um ihre Aufmerksamkeit auf sich zu lenken. »Ich kann springen und mich im Kreis drehen und meinen Schwanz jagen und mich herumwälzen, und auf den Hinterbeinen tanzen und betteln und meinen Bauch zeigen und …« So ging es weiter, bis Dudley sich vor Anstrengung überpurzelte.

»Was war denn das?«, fragte der Mann.

»Ich glaube, das war ziemlich genau das, was meine Großmutter als ›hysterischen Anfall‹ bezeichnet hätte«, lachte die Frau. »Oh, ist er nicht süß? Er ist genau so ein Energiebündel, wie wir es wollten. Was meinst du?«

»Ich meine, wir haben uns da ein rechte Töle ausgesucht«, antwortete der Mann mit einem Schmunzeln.

Dudley strahlte vor Freude, während seine neuen Menschen im Büro des Tierheims den Papierkram erledigten. Er tanzte, als sie ihm ein neues rotes Halsband umlegten und die Leine daran befestigten, und auf dem Weg zum Parkplatz half er ihnen und trug die Leine im Maul.

Humphrey sah zu, wie die Menschen die kleine Töle hochhoben und sie vorsichtig in ihr Auto luden und wie Dudley auf dem Rücksitz herumsprang. Und als das Auto wegfuhr, gab er zum Abschied ein »Harrmmff« von sich. Er machte kehrt und ging den Gang zwischen den Zwingern hinunter, und dann blieb er stehen, um sich mit der Pfote über die Augen zu wischen.

»Verflixte Katzenallergie!«, brummelte er. »Ich habe schon wieder so eine Triefschnupfnase.«

Die anderen Tiere sahen ihm verständnisvoll nach, und auch sie taten so, als würden sie von allergischen Anfällen heimgesucht – sogar die Katzen.

# *Wir sind ihre Helden*

Wenn es dich bekümmert,
dass du nichts ausrichten konntest,
hast du etwas ausgerichtet,
denn nur die richten nichts aus,
die sich darüber keine Sorgen machen.
Wenn du dich überwältigt fühlst,
weil das Gewicht der Probleme kaum zu tragen ist,
denke daran, dass die Last gemeinsam getragen wird,
und dass diese Gemeinsamkeit stark macht.

Wenn du meinst, Gesellschaft und Regierung seien blind,
so mag es dich nur daran erinnern,
dass wir immer nur eines Menschen Sinn nach dem anderen,
ein Gesetz nach dem anderen zu ändern brauchen.
Veränderungen bewirken wir durch Zusammenarbeit,
nicht durch Vereinzelung.

Wenn du überlegst, dass wir nicht sie alle retten können
und welchen Unterschied schon einer macht,
solltest du die Freude dessen kennen lernen,
der gerettet wurde.
Trauere um die, die wir nicht retten können,
es ist ein Lobpreis ihres Seins.
Lass ihren Verlust nicht umsonst sein.

Sei gütig zu dir selbst, denke an deine Bedürfnisse,
an die deiner Familie
und an die deiner Freunde aus allen Spezies.
Wenn du alles gibst,
was bleibt dann für dich und für sie noch übrig?
Strebe danach, glücklich und gesund zu sein.

Du wirst gebraucht.
Im Leben das Gleichgewicht zu bewahren
ist ein unablässiger Kampf.
Wir, die wir denen helfen,
die nicht alles haben, was sie brauchen,
sollten zu denen gehören,
die für das, was sie haben,
am dankbarsten sind.

Sei stolz auf deine Leistungen,
nicht auf deine Ansichten.
Die Qualität deiner Bemühungen
ist wichtiger als deren Quantität.
Vergib dir deine eigenen Unzulänglichkeiten –
manchmal genügt es schon,
dass du dich sorgst und Anteil nimmst.
Jeder kann etwas tun; es ist an dir,
das zu tun, was du tun kannst.
Ein gutes Wort und eine sanfte Berührung
können ein Leben verändern.

Wenn Zorn in dir hochsteigt,
weil Menschen das Problem sind,
denke an dein Menschsein und daran,
dass Menschen auch die Lösung sind.
Konzentriere dich auf konkrete Bedürfnisse,
richte deine Aufmerksamkeit auf das Individuelle –
daraus setzt sich das Ganze zusammen.
Sieh hinter das Unliebenswerte, das Unattraktive,
das Unreine und das Verletzte –
begreife, dass diese Menschen wie alle anderen
einen Anspruch auf Verstehen haben.
Hilf ihnen, gesund zu werden.
Ihre Augen sind Fenster zu ihren Seelen
und der Spiegel deiner Wahrhaftigkeit.

Alle Spezies, alle Wesen
haben gemeinsam Anteil an dieser Erde,
sind verbunden in einer Kette des Lebens.
Achte auf das, was uns ähnlich macht,
mehr als auf das, was uns trennt.
Richtlinien, Regeln und Vorschriften
sind nicht unfehlbar.
Wende sie klug an, interpretiere sie vernünftig.
Keine Entscheidung, die sich allein darauf stützt,
welche Rolle das Geld dabei spielt, ist jemals die richtige.

Höre auf dein Herz.
Manchmal müssen wir gerade das tun,
wovor wir am meisten Angst haben.
Sei dir selbst und deinem Glauben treu,
auch wenn deine Familie dich im Stich lässt,
deine Freunde dich enttäuschen,
Fremde dich lächerlich machen.
Die Menschen meiden, was sie nicht verstehen.
Hilf ihnen zu verstehen – feundlich, sanft, behutsam.

Diejenigen, die nicht alles und jedes Leben achten,
sind zu bemitleiden.
Oftmals bedarf der Übeltäter ebenso der Hilfe
wie sein Opfer.
Vergib, dann lehre durch dein Vorbild.
Bilde dich, sonst kannst du nicht hoffen,
andere belehren zu können.
Keine Tat, die sich auf Hass gründet,
ist jemals richtig,
und Zorn ertränkt die Weisheit.

Deine Stimme mag die eines Rufers in der Wildnis sein;
mache sie zu einer Stimme,
die man achten muss.

Höre mehr zu als dass du redest,
sei liebenswürdig und zuverlässig.
Lerne, um Hilfe zu bitten.
Weiche nie von der Wahrheit ab.
Erkenne, dass es großer Stärke bedarf zu weinen
und dass wir aus jeder Niederlage lernen.

Die gesamte Schöpfung preist und bejubelt das,
was ihren ureigensten Interessen dient.
Die Kinder sind unsere Hoffnung – nähre sie.
Die Natur ist unser Erbe – schütze sie.
Die Tiere sind unsere Brüder – lerne von ihnen.

Dein Lohn wird nicht materieller Art sein,
aber er wird Sinn und Bedeutung haben,
und der Mut deiner Überzeugungen kann alles überstehen.
Wir sind kleine zerbrechliche Boote,
die, in ein grausames Meer geworfen, darin umhertreiben.
Aber eines Tages wird sich das Glück wenden
und die Gezeiten werden uns einem sicheren Hafen zuführen.
Wie dunkel auch die Sturmeswolken sein mögen
und wie tief der Schmerz eines gebrochenen Herzens
– vergiss nie: wir sind ihre Helden.

# Ein offener Brief
# an die Menschheit

**Absender:** *»Die Schöpfung e.V.«, gemeinnütziger Verein*

Lieber Monsieur und liebe Madame *Homo sapiens,*

wir bedauern sehr, dass Sie an unserer kürzlich abgehaltenen Generalversammlung nicht teilnehmen konnten. Es ist jedoch meine traurige Pflicht, Sie davon in Kenntnis zu setzen, dass die Fortsetzung Ihrer Mitgliedschaft in unserer Gesellschaft gegenwärtig einer Prüfung unterzogen wird, und zwar aufgrund von Anschuldigungen, die anlässlich der erwähnten Versammlung gegen Sie vorgebracht wurden (und einige davon waren doch ziemlich schockierend).

Wir beginnen mit *Canis lupus,* dem Wolf, der sich darüber beschwerte, dass Ihre Spezies der Grund für die Ausrottung einiger seiner Cousins war, und dass Sie kürzlich sogar aus Ihren Flugzeugen auf ihn geschossen haben.

*Alligator mississippiensis,* der Mississippi-Alligator, brachte vor, dass einige Angehörige Ihrer Rasse ihn zu sportlichen Ringkämpfen benutzt hätten, und *Crocodylus niloticus,* das Nilkrokodil, sagte, es wisse sogar noch Schlimmeres, und behauptete, Sie hätten aus seinen Familienmitgliedern Gürtel und Brieftaschen hergestellt!

*Ursus maritimus,* der Eisbär, berichtete, Sie hätten vor kurzem in seinem Habitat nach Öl gebohrt und die althergebrachte Ordnung der Dinge zerstört, und *Nyctea scandiaca,* die Schneeeule, bestätigte diesen Anklagepunkt und fügte hinzu, sie sei so aufgeregt wegen dieses unerhörten Eindringens, dass sie kaum noch ihre Eier ausbrüten könne.

*Odocoileus virginianus,* der Weißwedelhirsch, und *Oryctolagus cuniculus,* das Kaninchen, erläuterten, dass sie zunächst auf bessere Zeiten gehofft hatten, weil nämlich Ihr Herr Disney Filme produziert hatte, in denen sie Hauptrollen spielten; aber daraufhin hätten es sich viele Angehörige der Menschenart zur Gewohnheit gemacht, ihre Wälder zu erstürmen und auf sie zu schießen, oft mit tödlichen Folgen.

*Rattus norvegicus,* die Wanderratte, und *Mus musculus,* die Hausmaus, sagten übereinstimmend aus, ihre Verwandten seien erst durch ausgelegtes Futter in Ihre Häuser und Scheunen gelockt und dann durch irgendwelche grausamen mechanischen Vorrichtungen geköpft worden – während einige ihrer Cousins dafürhielten, dass dies noch ein relativ schmerzloser Tod sei, verglichen mit dem, was ihre Artgenossen in Ihren Laboratorien zu erdulden gehabt hätten.

*Orcinus orca,* der Schwertwal, behauptete, er sei von Ihnen in die Sklaverei verkauft und gezwungen worden, durch Reifen zu springen. *Lynx rufus,* der Rotluchs, berichtete, dass seine Verwandtschaft irgendwann wieder einen Teil des früheren Lebensraumes ihrer Spezies in Anspruch genommen habe und wie daraufhin von Ihnen die Jagdsaison eröffnet wurde. *Panthera tigris sumatrae,* der Sumatratiger, sagte, in der Gegend der Welt, in der er zu Hause sei, könne er kaum noch ein Gebiet finden, das groß genug sei, um seine Familie zu ernähren und seinen Nachwuchs aufzuziehen.

*Gorilla gorilla beringei,* der Berggorilla, weinte, als er erzählte, wie Ihre Kriege sein Habitat ebenso bedrohten wie seine gesamte Nachkommenschaft. *Eubalaena glacialis,* der Nördliche Glattwal, sagte, er habe im Versuch, Ihnen zu entrinnen, die Ozeane der Welt durchschwommen, nur um für seine Bemühungen von Ihnen harpuniert zu werden.

*Equus caballus,* das Pferd, das edelste der Geschöpfe, schilderte, wie Sie auf Mitglieder seiner Art erst Wetten abschließen, sie dann bei Auktionen versteigern und sie schließlich ohne Futter und Wasser zum Schlachten transportieren (das ist doch sicherlich übertrieben?). Eine der schlimmsten Geschichten, die wir an jenem Abend vernommen haben, war die von *Selenarctos Thibetanus,* dem Kra-

genbär, derzufolge seine Artgenossen wegen ihrer Galle von Ihnen
in überfüllten Käfigen grausam gefangengehalten werden. Sein
Vetter *Ailuropoda melanoleuca,* der Große Panda, sagte, er konnte
kaum glauben, dass Sie ausgerechnet ihn als Symbol für eine Ihrer
größten Organisationen, die zum Schutz der Wildtiere gegründet
worden waren, ausgewählt haben!

Wir sind uns darüber im klaren, dass Sie – nach evolutionären
Maßstäben gerechnet – relativ neue Mitglieder unserer Gemeinschaft sind. In der Vergangenheit sind wir in den Genuss äußerst
angenehmer Beziehungen mit einigen Angehörigen Ihrer Spezies
gekommen. Wir sind Ihrem Herrn Noah für die Bereitstellung von
Transportmitteln während jener unliebsamen Begebenheit zu ewi-
gem Dank verpflichtet, und einer Ihrer Angehörigen, Dr. Albert
Schweitzer, ist für seine legendäre Sanftmut bekannt. Aufs höchste
schätzen wir auch Ihre Miss Rachel Carson, die versuchte, Sie vor
Umweltschädigungen zu warnen, die uns alle bedrohen, und selbstverständlich sind uns allen die Anstrengungen bekannt, die Dr.
Jane Goodall in bezug auf *Pan troglodytes,* den Schimpansen, unternommen hat.

Dennoch: Wir können einige Ihrer Verhaltensweisen und Ihre
Ignoranz einfach nicht länger hinnehmen. Es ist tatsächlich so, dass
unser Vorsitzender, *Panthera leo,* der Löwe, anlässlich unserer Versammlung zwei Ihrer engsten Verbündeten, *Canis lupus familiaris,*
den Haushund, und *Felis domesticus,* die Hauskatze, aufgefordert
hat, zu Ihren Gunsten zu sprechen. Nun, es war nahezu unmöglich,
die Ordnung wiederherzustellen. Sie erzählten, wie sie zu Millionen
verstoßen und getötet wurden, wie man ihnen erlaubte, sich un-
kontrolliert zu vermehren, wie sie von Ihnen als Begleiter und
Hausgenossen angeschafft, dann aber ignoriert wurden, wie man sie
wie alte Möbelstücke herumschob und zum Gegenstand solchen
Missbrauchs und solcher Quälerei machte, dass *Struthius camelus,*
der Vogel Strauss, nicht mehr zuhören konnte und seinen Kopf im
Sand vergrub.

Die Angehörigen vieler Arten sagten, sie fühlten sich in Ihrer Gegenwart so wehrlos wie eine brütende *Aix sponsa,* eine Brautente.

*Alces alces,* der Elch, pflichtete dem bei und vertrat die Meinung, man habe nicht nur jeden Grund, sich Sorgen zu machen, sondern es sei sogar so, dass viele seiner Artgenossen von Mitgliedern Ihrer Spezies erschossen würden und dann noch die zuätzliche Schmach erdulden müssten, dass ihre Köpfe an den Wänden der menschlichen Behausungen aufgehängt würden. *Elephas maximus,* der Asiatische Elefant, fügte hinzu, er habe so viele scheußliche Erinnerungen an die Beziehungen mit Angehörigen Ihrer Art, dass er nicht glaube, sie jemals vergessen zu können.

Bitte, halten Sie uns nicht für intolerant und glauben Sie nicht, wir hätten keinen Sinn für Humor (zum Beweis des Gegenteils darf ich Sie auf *Ornithorhynchus anatinus,* das Schnabeltier, hinweisen), aber dieses ungehörige und rücksichtslose Benehmen muss – zum Wohl unserer gesamten Gemeinschaft – einfach ein für allemal aufhören.

Wir ersuchen Sie daher mit allem Respekt, sich unsere Regeln für eine friedliche Koexistenz auf diesem Planeten in Erinnerung zu rufen und einige Ihrer Praktiken und Verhaltensweisen kritisch zu überdenken. Wir sind nicht ohne Verständnis für die Zwangslagen, in denen Sie sich befinden, insbesondere im Hinblick auf den Umstand, dass einige Ihrer Artgenossen Pflanzenfresser und andere wiederum Fleischfresser sind. Wenn jedoch keine umgehende und nachhaltige Verbesserung der gegenwärtigen Situation eintritt, bleibt uns keine andere Wahl, als in dieser Angelegenheit beim Schöpfer selbst vorstellig zu werden.

Wir danken Ihnen im voraus dafür, dass Sie unserem Anliegen unverzüglich Ihre Aufmerksamkeit zuwenden.

Mit freundlichem Gruß,

*Die Schöpfung e. V.*

gez. *Sagittarius serpentarius*
(Generalsekretärsvogel)

# Des Schöpfers Klage

Sagt es ihnen dort unten in den Tälern!
Ruft es nun von den Bergen hinab!
Dies ist die Welt, die ich für euch schuf,
doch Vollkommenes suchtet ihr zu ertöten.

Jahrhundertelang habe ich geschwiegen,
doch nun muss die Wahrheit ausgesprochen werden.
Eure Dreistigkeit ist widerlich –
was habt ihr meiner Welt angetan?

Warnt sie, eure Brüder und Schwestern,
ermahnt sie wegen ihres Hasses:
Ihr wurdet aus einem gemeinsamen Samen geschaffen,
und ein Schicksal verbindet euch alle.

Alle Geschöpfe sind eure Familie,
und sie sind mir ebenso lieb wie ihr,
helft ihnen zu einem guten Leben, ich bitte euch,
kein einziges wünsche ich zu verlieren.

Ihr mögt jetzt nicht auf mich hören,
ihr mögt denken, diese Welt gehöre euch,
aber sie ist meiner Gnade Geschenk an euch –
jeder Baum, jeder Fluss, jeder Stein.

Achtet, was ich für euch geschaffen habe,
seid gütig zu euren Mitmenschen,
liebet das Wunder der ganzen Schöpfung –
oder erntet den Sturm aus meiner Hand.

# Der Zorn der Engel

Der Erzengel Gabriel tobte, und jeder, der im Westflügel des Elfenbeinpalastes arbeitete, machte einen möglichst weiten Bogen um ihn. Es war so schlimm geworden, dass seine persönliche Assistentin vorstellig geworden war und gesagt hatte, sie brauche einen Tag frei, um sich »privaten Angelegenheiten« zu widmen. Als Abakus, der Buchhalter, davon in Kenntnis gesetzt wurde, dass ihm nun die Aufgabe zugefallen sei, als stellvertretender Assistent Gabriels Dienst zu tun, war er nicht im mindesten erfreut darüber. Er versuchte, beim Amt für Göttliches Einschreiten anzurufen, um herauszufinden, ob man dort einen oder zwei Engel freistellen könne, aber die Telefonleitung war ständig besetzt. Danach versuchte er es beim »Verlorenen und Wiedergefundenen Paradies«, dem himmlischen Fundbüro, und man versprach ihm, sich um die Anfrage zu kümmern; doch Abakus hatte den Eindruck, diese Zusage klinge nicht ganz so ehrlich, wie er es sonst von den Himmlischen Heerscharen gewohnt war. Mit hängenden Flügeln trottete er den Korridor entlang bis vor Gabriels Büro und klopfte zögernd und zaghaft an die Tür.

»Verschwinde! Herein! Steh' bloß nicht da herum – wer bist du, und was willst du!?«, dröhnte der Erzengel.

»Ich bin es, Eure Exzellenz«, antwortete er nervös, »Abakus – Sie haben nach mir geschickt.«

»Habe ich? Ach ja, ich habe! Nun denn, trödle nicht herum, komm herein, wir haben Arbeit.«

Gabriel ging wieder daran, Papierstapel auf seinem Schreibtisch hin- und herzuschieben, gelegentlich nahm er ein Schriftstück heraus, zerknüllte es dann angewidert und warf es in eine Ecke.

»Sieh' dir das an!«, schäumte er und wedelte mit einem Zeitungsausschnitt herum. »Sind das denn alles Idioten?!«

»Wer, Euer Gnaden?«, erkundigte sich Abakus ängstlich.

»Die da unten!«, stieß Gabriel hervor und deutete erdwärts.

»Menschen. Ich versuchte bereits am ersten Schöpfungstag, Ihn zu warnen, denn ich fürchtete, dass Er eine falsche Entscheidung getroffen habe, was die Wahl der überlegenen Spezies anbelangte … Aber hat Er auf mich gehört? Nein! Um Himmels Willen, was hat Er sich bloß dabei gedacht?!«

Abakus zuckte zusammen, als er Gabriel so reden hörte, obwohl es im Himmel unmöglich war, den Namen des Herrn »eitel im Munde zu führen« – tatsächlich wurde dort kaum einmal ein Satz geäußert, der nicht mindestens einen Hinweis auf die Oberste Weisunggebende Gottheit enthielt.

»Was haben sie denn getan, Euer Gnaden?«, fragte Abakus.

»Sie haben begonnen, in der arktischen Wildnis nach Öl zu bohren – das haben sie getan! Wie können sie es wagen?! Das ist Gottes eigenes Land, und sie täten besser daran, es in Ruhe zu lassen, oder, so wahr mir Gott helfe, ich werde …« Aber statt seine Drohung zu vollenden, stand er hinter seinem Schreibtisch auf.

»Komm' her, Amos. Ich zeige dir, was ich meine.«

»*Abakus*, Eure Heiligkeit.«

»Nein, danke. Ich habe schon eine Rechenmaschine«, antwortete Gabriel und benutzte sein Klemmbrett, um die Wolken zu teilen.

»Hier hast du ein Beispiel«, sagte er, und auf einen Wink seiner Hand erschien die Nahaufnahme einer Frau, die auf einer Parkbank saß, stark geschminkt, die Frisur mit Haarspray verklebt, enge Kleidung, lange Fingernägel.

»Sie besitzt eine von Gott gegebene natürliche Schönheit. Warum in aller Welt meint sie, all diese Tünche zu brauchen?«

Abakus starrte auf das Bild der Frau und stellte die Vermutung an, dass die Bemalung wahrscheinlich gut fürs Geschäft war, aber er behielt seine Meinung für sich.

»Und schau, da drüben«, zeigte Gabriel und holte den Vorgarten eines kleinen Hauses ins Blickfeld. Alles, was Abakus sah, war ein Durcheinander menschlicher Artefakte, die planlos zwischen Gras und Blumen verstreut waren.

»Es tut mir leid, Euer Großprächtigkeit, aber ich sehe nichts Verkehrtes.«

»Ein weiß angestrichener Lastwagenreifen, der als Pflanzengefäß verwendet wird – und du siehst nichts Verkehrtes?! Plastikflamingos und falsche Wildgänse? Wenn das ihrer Vorstellung von gutem Geschmack entspricht, braucht man sich nicht zu wundern, dass sie ein so heruntergekommenes Pack sind.«

»Es steht mir vielleicht nicht zu, ein solche Bemerkung zu machen, Herr, aber wir müssen die Tatsache berücksichtigen, dass es sich um Seine Lieblingsgeschöpfe handelt«, sagte Abakus.

»Daran musst du mich nicht erinnern! Wie sonst könnten sie ungeschoren mit all dem davonkommen, was sie anstellen? Sogar die religiösen Gruppierungen gehen einander an die Gurgel – die Presbyterianer mögen z. B. die Baptisten aus dem Süden nicht ...«

»Wieso das, Herr?«, fargte Abakus.

»... weil ein Baptist jederzeit loslegen könnte mit seinem Singen und Tanzen und Zeugnisablegen, deshalb. Die Presbyterianer sind der Auffassung, die Baptisten seien beinahe ebenso tadelnswert wie die Angehörigen der Pfingstbewegung.«

»Die Presbyterianer mögen die Pfingstbewegten nicht, Herr?«

»Sie trauen ihnen nicht über den Weg. Es ist unmöglich, mit jemandem zu debattieren, der ›in Zungen redet‹ und möglicherweise eine Geistausgießung erlebt. Immerhin meinen sie, dass die Pfingstbewegung nicht ganz so schlimm sei wie die Episkopalkirchen.«

»Was stimmt mit den Episkopalkirchen nicht, Herr?«, fragte Abakus höflichkeitshalber.

»Ich will verdammt sein«, sagte Gabriel in einer schlechten Imitation des breiten, derben Südstaatendialekts, »wenn diese Episkopaltypen da unten nicht Schwule zu Priestern weihen.«

»Aber wenn man den Herrn liebt, sollte man dann nicht fröhlich sein und auch alle Menschen lieben?«, fragte Abakus unschuldig.

Gabriel warf ihm einen Blick zu, aus dem langes Leiden sprach, und fuhr fort: »Da sind mir die guten alten Mormonen schon lieber ... Jawoll, das waren noch tapfere Männer.«

»Tapfer, Herr? Wie das?«, fragte Abakus.

»Die hatten nicht nur eine Frau, nein, mehrere. Das nenne ich tapfer!«, entgegnete Gabriel.

»Tja, wenn alle so unzufrieden sind mit all den verschiedenen Bekenntnissen, warum entscheiden sie sich dann nicht einfach für eines davon, und das war's dann. Vielleicht Lutherisch?«, meinte Abakus.

»Lutherisch, was?!«, sagte Gabriel. »Ausgerechnet die! Die Lutherischen glauben, es sei Sünde, wenn man ein paar Tropfen Alkohol in den Wackelpudding tut, den man zum Gemeindefest mitbringt! Du lieber Himmel, ich weiß nicht, was ich mit den Leuten anfangen soll.«

Abakus zuckte die Schultern und beschäftigte sich eingehend mit der Betrachtung der in der Tiefe ausgebreiteten Landschaft.

»Da, schau!«, zeigte Gabriel, und seine Stimme war schneidend vor Verachtung. »Nicht da – dort!«, rief er und gab Abakus eine regelrechte Kopfnuss. »Schau, was der Mann da tut!«

Abakus hielt sich den Kopf und blinzelte durch die Wolkenöffnung; sein Blick fiel auf eine Szene, in der ein Fabrikarbeiter eine stinkende, ekelhaft grüne Chemikalienmischung in einen Fluss kippte.

»Kannst du das glauben!?«, wetterte Gabriel und sprang auf, »warte nur, bis ich seine Akte finde …«

Gabriel durchblätterte den Papierwust, der an seinem Merkbrett klemmte. »Aha, da haben wir's. ›Zukünftige Todesursache: Vergiftung durch Chemikalien.‹ Gut! Er bekommt also später noch, was er verdient hat.«

Abakus rang sich ein schwaches Lächeln ab und nickte. Er musste zugeben, dass es wirklich nahezu unvorstellbat war, was die Menschen ihrem Planeten antaten.

»Ich sage dir, Abdullah, die Probleme, die von den Menschen verursacht werden, sind noch komplizierter als das Liebesleben von Madonna«, schimpfte Gabriel – dann bemerkte er den bestürzten Gesichtsausdruck seines Assistenten.

»Nicht *die* Madonna, Adolfo! Madonna, die Sängerin.«

»Verstehe, Herr«, krächzte Abakus, und er machte sich daran, auf der Suche nach dem Röhrchen mit den Tabletten gegen Magenübersäuerung seine Taschen abzuklopfen. Gabriel trat etwas zur Seite, denn er argwöhnte, Abakus könnte Flöhe haben.

»Und du meinst, das eben sei eine schlimme Sache gewesen, Albatros? Na, dann schau dir bitte mal das an.« Gabriel beschrieb mit seiner Hand eine halbkreisförmige Bewegung, und die Szenerie änderte sich. Man sah eine Ansammlung von Gebäuden, die an eine Fabrik erinnerten. Der Lärm bellender Hunde war ohrenbetäubend, und der Gestank war unglaublich. Abakus schniefte und hielt sich dann die Hand vor die Nase.

»Das ist eine Zuchtstation«, erklärte Gabriel, »eine Fabrik, in der Elend produziert wird.«

Just in diesem Moment fuhr unten vor dem Hauptgebäude ein glänzend schwarzes Fahrzeug vor. Ein aufgeblasen wirkender Mann, der auf einer Zigarre herumkaute, stieg auf der Beifahrerseite aus. Gabriel machte ein finsteres Gesicht. Der Mann ließ seinen Blick über das zementierte Gelände schweifen, das von einem Maschendrahtzaun umgeben war. Er war sichtlich stolz. Gabriels Gesichtsausdruck verfinsterte sich noch mehr. Ein Donnergrollen zog über den Himmel, und der Mann schaute nach oben und streckte die Hand aus, um festzustellen, ob schon die ersten Regentropfen fielen. Das Letzte, worauf seine Augen fielen, bevor er im plötzlich einsetzenden Wolkenbruch, der jede Sicht nahm, vom Lieferwagen überrollt wurde, war das lächelnde Gesicht eines ungeheuren Welpen, das auf den Kühlergrill gemalt worden war.

»Gütiger Gott!«, kreischte Abakus und schlug entsetzt die Hand vor den Mund, als die Zigarre des Mannes einen Bogen durch die Luft beschrieb und zischend in einer Pfütze versank. Gabriel schien mit sich selbst zufrieden zu sein.

»Eure Exzellenz, das war ja … ich meine, also sicherlich, äh … ich möchte mir keineswegs anmaßen, Eure Entscheidungen in Frage zu stellen, aber, äh, wirklich …«, stotterte er.

»Entspanne dich, Adolfo, hier steht alles vollkommen richtig drin«, sagte Gabriel und stach mit seinem Finger auf das Merkbrett.

»Alfred P. Waidmann, Eigentümer eines Hundezuchtbetriebs. Zukünftige Todesursache: Wird überfahren von einem Lieferwagen mit der Aufschrift: ›Hilf uns der Himmel‹-Welpenzucht.«

Abakus spähte ungläubig nach dem Papier und schüttelte den Kopf.

»Das steht da, fürwahr, Herr ... aber seht doch das Datum. Es heißt da: ›24. Dezember 2023‹.«

»Tatsächlich?«, brummte Gabriel und starrte auf den Aktenvermerk. »Zu dumm«, sagte er und schmunzelte. »Verbuche das unter ›Klerikaler Irrtum‹. Und denke immer daran: ›Gott‹ heißt in der englischen Sprache ›God‹; rückwärts gelesen, ergibt sich daraus ›dog‹, das englische Wort für ›Hund‹.«

»Wie Ihr wünscht, Eure Verehrungswürdigkeit«, quäkte Abakus kleinlaut.

Gabriel macht wieder eine ausholende Bewegung mit seinem Arm, und die Szenerie in der Tiefe verwandelte sich erneut. Diesmal sah man eine Wiesenlandschaft. Schwalben flitzten umher, Schmetterlinge umflatterten die Blüten, und eine Hirschkuh kam mit ihren Zwillingskitzen über die Wiese gehüpft.

Dieser Anblick stimmte Gabriel milde. Er lächelte beglückt und wohlwollend – Rehe gehörten zu seinen Lieblingstieren. Abakus schaute abwechselnd zum versonnen lächelnden Erzengel und zu der Szene da unten, immer hin und her, denn er hatte ernste Zweifel, ob dies Wirklichkeit war oder ein Walt-Disney-Film. Er wollte gerade eine Bemerkung über das anmutige Bild machen, als plötzlich die Hirschkuh wie ein Stein zu Boden fiel. Ein Jäger sprang hinter den Büschen hervor: Er hatte die Hirschkuh totgeschossen. Die beiden Kitze umkreisten zunächst ihre reglos daliegende Mutter, dann stürmten sie in wilder Flucht in den schützenden Wald davon.

»Lieber Herr Jesus!«, brüllte Gabriel, und noch ehe Abakus sich ein wenig sammeln konnte, schleuderte der Erzengel mit solcher Gewalt einen Blitz nach dem Jäger, dass er beinahe von seiner Wolke hinabgestürzt wäre. Der Blitz verfehlte zwar den Mann, fuhr aber krachend neben ihm in einen Baum, der in Millionen rauchende Holzpartikelchen zersplitterte. Der Jäger blieb unversehrt, doch er brauchte nun sehr dringend eine frische Garnitur Unterwäsche.

Abakus hatte das Gefühl, er werde vor Schreck gleich in Ohnmacht fallen, als hinter Gabriel unversehens eine goldene Aureole erschien, doch er bemerkte rasch, dass seine Schwäche weniger der unerwarteten Erscheinung als seinem Hunger zuzuschreiben war.

»Nun, Gabriel, was gibt es?« Das Echo einer himmlischen Stimme erscholl aus dem Inneren der Aureole und ein wunderschöner Mann mit langfließendem Haar, angetan mit weißen Gewändern und bequemen Sandalen, trat hervor.

»Mein Herr!«, stammelte Gabriel. »Welchem Umstand verdanke ich diese Ehre?«, fragte er und wand sich ein wenig. Er wich einen Schritt zurück und wäre beinahe über Abakus gestolpert, der am ganzen Leib zitterte und auf die Knie gefallen war.

»Das solltest du mir sagen«, antwortete der Sohn Gottes, »schließlich hast du mich gerufen.«

»Ach so, das …«, entgegnete Gabriel und wischte sich den Schweiß von der Stirne. »Nun … ich dachte … wir hatten in letzter Zeit kaum Gelegenheit, miteinander zu plaudern … wegen all Euren Terminen und der vielen Arbeit … und ich dachte, vielleicht könnten wir zusammen zu Mittag essen.«

Abakus machte ein gurgelndes Geräusch, als Christus die Lippen zu einem Schmollmund verzog. Aber in Anbetracht der hervorragenden Verdienste, die Gabriel sich im Lauf der Jahrtausende erworben hatte, konnte er schon einmal über eine »Unregelmäßigkeit« hinwegsehen.

»Danke, Gabriel, aber heute nicht. Vielleicht ein anderes Mal«, anwortete Er. »Da wir gerade von Terminen sprechen – solltest du nicht dort unten sein und versuchen, den Schlamassel in Ordnung zu bringen?«, fragte Er und deutete in Richtung Erde.

»Das sagte ich gerade eben zu Habakuk«, antwortete Gabriel und nahm endlich die Hand von Abakus' Kopf, den er schon eine ganze Weile benutzt hatte, um sich darauf abzustützen. »Ich bin quasi schon unterwegs.«

Gabriel warf Abakus einen warnenden Blick zu, als er seine Schwingen ausbreitete und dann durch die Öffnung in den Wolken hinunterschwebte. Als Abakus endlich seine Fassung wiedererlangt hatte und etwas klarer sehen konnte, stellte er fest, dass er ganz alleine auf einem Wolkenfetzen saß. »Ach du meine Güte!« rief er, völlig geschafft. Er beschloss unumstößlich, sich morgen krank zu melden, auch wenn er dafür später in der Hölle würde büßen müssen.

Unterdessen schwebte Gabriel immer tiefer hinunter, hinein in die Erdatmosphäre, und sein Gesichtsausdruck erinnerte an den einer Krähe, die an Verstopfung leidet. Auch wenn sich die Bearbeitung eines solchen Antrags wohl über eine Ewigkeit hinziehen würde, wollte er doch, und das gelobte er sich hoch und heilig, eines Tages seinen Rücktritt einreichen.

# *Auch Tiere haben Rechte*

Wir sind die Tiere. Wir haben keinen größeren oder geringeren Wert als das Tier »Mensch«. Wir sind nicht auf diese Erde gesetzt worden, um euch zu dienen, zu nutzen oder zu unterhalten. Die meisten von uns waren Millionen Jahre früher da als ihr. Wir alle, das Menschentier eingeschlossen, sind Teil des großen Lebensgewebes und wir alle erfüllen unseren Daseinszweck. Jahrhundertelang habt ihr subjektive Einschätzungen und Bewertungen unseres »Wertes« und unserer »Intelligenz« vorgenommen, und die Einsichtigen unter euch haben erkannt, dass wir gerade so »wertvoll« und »intelligent« sind, wie wir sein müssen, um unserer jeweiligen Bestimmung zu entsprechen.

Euer Eintreten für unsere »Rechte« ist zwar oftmals nobel, doch mitunter ist es nur ein rein gedankliches Konstrukt. In den meisten Fällen versucht ihr einfach, uns das zurückzugeben, was ihr uns weggenommen hattet – unsere Freiheit, unsere Lebensräume und unser angeborenes Recht zu leben, ohne gefangen gehalten oder eingeschränkt zu werden, ohne Furcht, Schmerz, Misshandlung, Ausbeutung und Manipulation, ohne ausgesetzt oder ausgerottet zu werden.

Wir sind kein Ersatz für menschliche Gesellschaft. Wir sind nicht eure Kinder. Wir sind keine Ware. Wir sind zu respektieren als das, was und wer wir sind; unsere Tiernatur und unsere spezifischen Bedürfnisse müssen berücksichtigt werden. Jeder Versuch, uns zu etwas zu machen, was wir nicht sind, nämlich zu Menschen – oder, schlimmer noch, zu Besitzgegenständen –, ist eine Beleidigung all dessen, was wir unserem ganzen Wesen nach sind: Tiere. Wenn ihr euch eines von uns »anschafft«, liegt es in eurer Verantwortung sicherzustellen, dass eine wechselseitig befruchtende Beziehung gemäß der natürlichen Lebensart eines jeden entsteht. Ihr

mögt vielleicht unser Vertrauen, unsere Achtung, sogar unsere
Liebe gewinnen, aber wir »gehören« euch nur nach eurer Definition, nicht aber nach unserer.

Es widerspricht jeder Logik, dass Menschen – trotz Jahrtausende
währender Interaktion zwischen unseren und eurer Spezies – einige
elementare Wahrheiten immer noch nicht begriffen haben: dass alle
Hunde die Fähigkeit besitzen zu beißen, dass alle Katzen gelegentlich kratzen, dass alle Pferde rennen müssen, dass Kühe eine Weide
brauchen, dass Wildtiere in die Wildnis gehören, dass die meisten
Tiere die Gesellschaft von Artgenossen brauchen, dass die Folge der
Zerstörung der natürlichen Ordnung entweder in der Auslöschung
oder in einer Explosion der Population bestehen kann und dass wir
Schmerz und Unannehmlichkeiten in genau demselben Maß empfinden wie ihr.

Wir schätzen durchaus die Anstrengungen, die ihr zu unseren
Gunsten unternehmt, aber wir ersuchen euch dringend, eure eigene
Geschichte zu betrachten. Sie zeigt, dass dauerhafte Veränderungen
durch vernünftige Leute, intelligent geführte Debatten, wohlüberlegte Gesetzgebung und durch Mitgefühl zuwege gebracht werden.
Versucht ihr es mit weniger Aufwand, so können eure Ziele zu
einem Zerrbild werden und das, was ihr für uns zu erreichen trachtet, in Gefahr bringen oder ins Gegenteil verkehren.

Jede Verwendung eines Tieres – zu Forschungszwecken, zur Gewinnung von Fleisch, Fell und Leder, zu Profitzwecken, zur Ausbildung – muss individuell abgewogen werden. Zwar diskutieren eure
Ethik-Kommissionen über diese Verwendungsmöglichkeiten, aber
häufig tun sie das, indem sie von einem festgestellten »Bedarf« des
Menschen und von der Annahme ausgehen, die Menschen seien
mit dem Recht ausgestattet, Entscheidungen für die Tiere zu treffen. Gewöhnlich zeigt sich an eurer Unwissenheit, dass euch die
Qualifikation für solche Entscheidungen fehlt.

Es gibt eine grundlegende Prämisse, wenn es um die vorsätzliche
Auslöschung eines Lebens geht: *Alles Leben ist heilig.* Eure Universitäten und Ethik-Kommissionen mögen darüber debattieren, eure
Religionsgelehrten mögen über das Thema streiten, und diejenigen

unter euch, die an gar nichts glauben, mögen darüber spotten …
wir glauben jedoch, dass ihr tief in euren Herzen ebenso wisst wie
wir, dass dies die Wahrheit ist. Unser Blut fließt genauso rot wie das
eure. Manche von uns töten, um selbst am Leben zu bleiben, zur
Selbstverteidigung, aus Instinkt – und ohne Bösartigkeit. Sollten
eure Gründe weniger ehrenhaft sein? Stellt euch vor, ihr wäret an
unserer Stelle: Für uns ist die Heiligkeit des Lebens keine Ideologie,
sondern nichts anderes als der Überlebensinstinkt selbst. Es steht
nicht in unserer Macht, euch für eure Taten zur Verantwortung zu
ziehen, aber die meisten von uns glauben, dass ihr einstmals vor
einer höheren Instanz werdet Rechenschaft ablegen müssen. Diejenigen eurer Taten, von denen Tiere betroffen sind, werden davon
nicht ausgenommen sein, und das Sichabwenden von den Problemen wird euch als Komplizenschaft angerechnet werden.

Wir sind die Tiere. Respektiert uns als das, was wir sind. Schützt
unsere Lebensräume. Verschont uns vor Schmerzen und Leid. Hört
auf, uns wegen finanzieller oder anderer Profitaussichten auszubeuten. Schenkt unseren Bedürfnissen und unserem Wesen Beachtung.
Erfüllt uns gegenüber eure Pflichten als Verwalter und Betreuer und
betrachtet unser Leben als ebenso heilig wie eures. Tut ihr dies, so
wird sich eine Harmonie einstellen, die eurem bisherigen Leben
gefehlt hat und in unserem Wesen über alle Maßen offenbar wird.

# *Alexis und ein ziemlich ungrimmsches Märchen (aus der Basset-Chronik)*

Die Fahrt vom Flugplatz mit der Wölfin im Auto zog sich ziemlich lange hin. Sie hatte ein leichtes Beruhigungsmittel bekommen und verhielt sich entsprechend still. Als wir zu Hause ankamen, nahm ich sie an eine Leine und führte sie durch das obere Tor herein. Sie schlabberte einen halben Eimer Wasser weg und fing dann an, ihre neue Umgebung zu erkunden. Überraschenderweise zeigte sie kaum Anzeichen von Furcht und war sehr vertrauensvoll. Ich ließ sie draußen und ging hinein, um meine »Mannschaft« zu informieren.

Als ich ins Haus kam, versammelten sich die Hunde aufgeregt um mich herum; sie beschnupperten meine Hände und die Hosenbeine.

Meine Frau umarmte mich. Sie wusste, dass ich nur noch ein Nervenbündel war, seit diese spezielle Rettungs- und Transportaktion begonnen hatte. In die Angelegenheit waren mehr als zwei Dutzend verlassene Wölfe und Hybriden verwickelt; es waren Monate des Kopfzerbrechens gewesen, Hunderte von E-Mails waren hin- und hergeschickt worden, Dutzende von Freiwilligen waren beteiligt und der bürokratische Aufwand war immens.

»Wow!« Alexis rümpfte die Nase. »Was für einen heruntergekommenen Hund hast du denn diesmal angeschleppt?«

»Also, Leute, es ist so: Dies ist ein ganz besonderes Tier, das Schreckliches erlebt hat. Es ist eine ›sie‹, und sie hat eine lange Reise hinter sich.«

»Aber doch nicht etwa noch ein Basset-Hound?«, stöhnten die Beagle-Jungs.

Ich schüttelte den Kopf: »Nein.«

»Nach einem kurzen Wartungsaufenthalt und einer Überholung wird sie sich also wieder auf ihren Weg machen?«, fragte Alexis.

»Nein, Alexis, sie wird hier bei uns bleiben, und ich möchte, dass ihr alle lieb und nett zu ihr seid. Sie ist sehr sensibel. Sie hätte es verdient, draußen in der Wildnis zu leben, aber wegen ihrer früheren Lebensumstände geht das nicht. Sie wird eine Botschafterin für ihre Art sein, und mit vereinten Kräften wird es uns vielleicht gelingen, die Menschen zu lehren, sich für Erhaltungs- und Schutzmaßnahmen einzusetzen.«

»Viel Glück, Gandhi. Du hast einmal gesagt, ich sei eine Botschafterin für die Bassets«, erinnerte mich Alexis.

»Nein«, korrigierte ich sie, »ich sagte, du seist eine gute Besetzung für ein Basset-Poster.«

»Naja, egal«, sagte Alexis. »Wie alt ist diese Tussi, ich meine, das Mädchen?«

»Etwa so alt wie du, zwischen drei und vier, aber wenn man evolutionsgeschichtliche Maßstäbe anlegt, ist sie etwas fünfzehntausend Jahre älter als ihr da.«

Alexis dachte darüber nach und wollte gerade zu einer weiteren Frage ansetzten, als ich ihr vorschlug: »Alexis, warum gehst du nicht hinaus zu ihr und machst dich mit ihr bekannt?«

Alexis trollte sich mit überlegener Miene von dannen.

Die Wölfin stand an der höchsten Stelle des Hofes und blickte durch den Zaun auf die Umrisse der bewaldeten Hügel in der Ferne. Sie fühlte sich von ihnen wie magnetisch angezogen. Dann dreht sie sich um und musterte Alexis, die schnaufend und schniefend die kleine Anhöhe heraufkam.

»Hey, du da! Servus! Wie geht's immer so?«, fragte Alexis in einer schlechten Nachahmung dessen, was sie für eine volkstümlich-ländliche Ausdrucksweise hielt. »Mein Name ist Alexis, und ich bin hier zuständig. Wenn du irgendwas brauchst, dann frag' einfach, und ich werde ›Nein‹ sagen.«

Die Wölfin betrachtete Alexis mit bernsteinfarbenen Augen, die jahrtausendalte Geheimnisse in sich bargen.

»Meine Güte. Was für ungewöhnliche Augen du hast«, bemerkte Alexis. Sie schnüffelte in Richtung der Wölfin und befand, dass eine Flasche Shampoo wohl durchaus angebracht wäre.

Die Wölfin sog tief die Abendluft ein, und einer der leistungsstärksten Geruchssinne, die es in der Natur gibt, erzählte ihr wahre Bände über ihre neue Umgebung.

»Du liebe Zeit! Und was für eine große Nase du hast«, stellte Alexis fest.

Die Wölfin stellte die Ohren auf und lauschte. Sie hörte das Brummen eines Lastwagens, der sich, noch einige Kilometer entfernt, näherte, und sie hörte die Feldmäuse, die im Unterholz in einer Enfernung von Hunderten von Metern herumwuselten. Sie lächelte, leckte sich die Schnauze und ihre langen Eckzähne glänzten hell im Mondlicht.

»Herrjeh, was für große Zähne du hast!«, sagte Alexis und lachte nervös.

Die Wölfin schaute wie schüchtern auf den Boden. Sie tat einen tiefen Atemzug und hob ihre Schnauze langsam zum Nachthimmel empor. Zuerst gab sie ein leises Ächzen von sich, doch dann erklang ein Heulen, das immer höhere Tonlagen erreichte und in einem gewaltigen Crescendo endete, das unten im Tal widerhallte.

Die Rehe hielten im Äsen inne und duckten sich erschrocken. Aber eine Eule schwang sich zu einem Freudenflug in die Höhe: Dies war eine Stimme, die man hier seit mehr als einem Jahrhundert nicht mehr vernommen hatte, und wenn gerade diese besondere Schwester ihren Ruf erschallen ließ, dann hatte vielleicht die Natur doch gewonnen und alles würde wieder sein, wie es früher einmal war.

Alexis stand da wie vom Donner gerührt, und dann traf sie die Erkenntnis wie ein Guss Eiswasser.

»Aaaauuuiiiihhh!«, kreischte sie und raste den Hügel hinunter, stolperte dabei über ihre Ohren und schoss wie eine Kanonenkugel durch die Hundeklappe. Bei ihrer Vollbremsung schlitterte sie auf allen Vieren den Flur entlang und landete als zerknautschtes Fellknäuel vor unseren Füßen.

»Maamaaa! Paapaaa! Ach du lieber Gott!« – hechel, hechel – »Ach du meine Güte … Hiiilfe! Ruft den Wildhüter! Feuerwehr! Ruft doch endlich jemanden! Ich, oh …«  – keuch – »sie …«  – schnauf – »das ist ja …«

In diesem Augenblick erfüllte ein weiteres Heulen die Luft, und meine Frau und ich erhoben uns feierlich, denn in unserem Innern regte sich etwas, das in unbekannte Höhen strebte. Die Hunde verhielten sich still und respektvoll.

»Huuuch«, seufzte Alexis leise und sackte auf dem Boden zusammen.

»O Gott! Sie ist ohnmächtig geworden«, rief meine Frau. »Schnell, holt mir kaltes Wasser und ein Handtuch!«

»Was? Kein Kamillentee?«, neckte ich sie. »Lass sie einfach. Sie kommt schon früh genug wieder zu sich, und so ruhig und friedlich habe ich sie ohnehin noch nie gesehen.«

Ich stieg über Alexis hinweg und ging hinaus, um unserer neuen Freundin einen Besuch abzustatten. Ich setzte mich in ihrer Nähe auf die Erde. Die Wölfin kam auf mich zu und ging ein paar Mal hin und her, bevor sie sich neben mir niederließ. Ich streckte meine Hand aus. Sie schnupperte daran und rückte etwas näher zu mir her, immer ein kleines Stückchen weiter, bis sie sich schließlich an mich lehnte. Ich drückte mein Gesicht in ihre pelzige Halskrause. Langsam legte ich meinen Arm um sie und drückte sie sanft an mich. Ich konnte spüren, wie die Spannung in ihren Muskeln nachließ. Sie wusste, dass sie zu Hause war. Sie schnupperte an meinem Ohr und leckte schnell darüber, bevor sie aufstand und wieder auf die Anhöhe hinaufging. Sie gab ein seltsames kurzes Ouuu-ouuu-Heulen von sich, das ich als Zeichen einer gewissen Zufriedenheit deutete.

Ich sah hinauf zu den Sternen und schickte ein stummes Dankgebet zum Großen Geist, dass er sie sicher geführt hatte. Ich erinnerte mich an einem Satz aus einem frommen Erbauungsbuch:

»Gnade lebt nicht nur in den geweihten Klängen, die aus den großen Kathedralen und den heiligen Ashrams zu uns dringen – das Heilige umgibt uns überall. Lausche. Öffne die Augen.«

Ich stand auf und ging zum Haus zurück. Als ich mich der Tür näherte, hörte ich, wie meine Frau versuchte, Alexis zu besänftigen. Dies schien ihr jedoch nicht so ohne weiteres zu gelingen.

»Ich habe Rechte! Ich will einen Anwalt! Er ist ein Verrückter – und du ... die Frau eines Verrückten! Ich schäme mich für euch! Ich hätte umgebracht werden können! Wir alle könnten in unseren Betten ermordet werden! Diesmal ist er zu weit gegangen ...«

Ich schmunzelte, drehte mich kurz um und flüsterte in die Dunkelheit: »Schlafe gut, mein schönes Mädchen.«

# Für die Unbesungene

Du bist die Stille, auf deren Geduld
und Unterstützung ich zählen kann,
die eine, die es gewöhnt ist,
dass das Essen verspätet stattfindet,
oder erwartet, dass ich mehr, als ich sollte,
auf das verwende, was am wichtigsten ist, was mich angeht.

Dies war nicht das Leben, das wir uns vorgestellt hatten,
aber du beklagst dich nicht … sehr.
Von Zeit zu Zeit erinnerst du mich vielleicht sanft daran,
doch ich werde es wahrscheinlich nicht weiter beachten
und dann kopfüber in die nächste Katastrophe schlittern,
oder das tun, was getan werden muss
und auf keinen Fall warten kann.
Ich muss hierhin gehen, dorthin gehen,
alles zu einem Zweck –
alles, um Gutes zu bewirken.
Aber die Wahrheit ist:
Nichts davon könnte ich tun ohne dich.

Du bist diejenige, zu der ich mich wende,
wenn mir alles auseinanderfällt,
oder wenn ich eine Umarmung brauche
oder eine Schulter, um mich auszuweinen.
Du bist diejenige, die mir spirituell und emotional
aus der Patsche hilft.
Du bist diejenige, die zu mir hält, hinter mir steht
und mir den Rücken frei hält.
Ich bin der, der wild um sich schlägt und scheitert,
der mit Windmühlenflügeln kämpft,
der dem Stress erliegt.

Du bist die Beständige, der Fels,
immer präsent und zuverlässig,
diejenige, die meine Tränen trocknet.
Ich bin flüchtig wie die Luft. Du bist wie Wasser.
Ich erdulde Lob und Kritik mit Anstand und Mut.
Du tadelst mich wegen meiner Unarten,
aber beteuerst, sie machten mich liebenswert.
Du bist diejenige, die mich dann,
wenn ich es am meisten brauche,
hinwegführt von der Welt,
die ich zu ändern versuche.
Du bist diejenige, die mich so akzeptiert, wie ich bin,
und die mir sagt, was ich tue sei richtig,
auch wenn es mitunter gar nicht danach aussieht.

Du bist diejenige, die mich daran erinnert,
was wichtig ist,
die mit gelassen-heiterem Beispiel vorangeht.
Du bist diejenige, die vieles möglich macht
und die für meine Bemühungen
so entscheidend ist wie ich selbst.

Und du bist diejenige,
der gebührend zu danken ich stets vergesse –
zu danken für all das, was du getan hast,
einfach dafür, dass du du bist
und dass du zu mir stehst.
Ich kann mir ein Leben ohne dich nicht vorstellen.
Ich danke dir.

# Die Probefahrt
# (aus der Basset-Chronik)

Im Gänsemarsch gingen wir den Weg hinunter zu unserem neuen Lieferwagen. Die Anschaffung eines neuen Gefährts war unumgänglich geworden, weil meine Frau neulich einen Schlenker gemacht hatte, um einer Katze auf der Straße auszuweichen, und das hatte einen Totalschaden unseres sportlichen Nutzfahrzeugs zur Folge gehabt. Meine Frau hatte die Schlüssel für den neuen Wagen an sich genommen, und die Hunde sprangen freudig herum in der Erwartung, nun ein anderes Fahrzeug vollsabbern zu können. Ich kam hinterdrein geschlichen – mit einem Schub von Todesangst.

»Ein Untoter folgt uns!«, rief Alexis, weil ich ihr einen finsteren Blick zugeworfen hatte.

»Okay, ihr Kerle gehört nach hinten«, sagte ich und hob jeden Basset einzeln auf die Heckklappe. Ihre »Mama« und ich nahmen in der Fahrerkabine des Lieferwagens Platz.

»Hey!«, brüllte mir Alexis ins Ohr, während sie ihren Kopf durch das Rückfenster der Fahrerkabine hereinschob, »wir brauchen mehr Kissen hier hinten.«

»Verdammt und zugenäht«, schimpfte ich, kletterte aus dem Lieferwagen und ging zurück ins Haus, um einen Arm voll Bettzeug herbeizuschaffen. Ich öffnete die hintere Ladeklappe und warf einen Haufen Decken und Kissen ins Innere, bevor ich zu meinem Kopilotensitz zurückkehrte.

»Und wo bleibt das Popcorn!?«, ließ sich Alexis lautstark vernehmen.

»Alexis, das ist keine Vergnügungsfahrt und kein Sonntagsausflug. Das ist eine Übungsfahrt, damit deine Mama sich etwas eingewöhnen kann und ein bisschen Erfahrung bekommt, bevor sie heute Abend zum Unterrichten ins College fahren muss – im Dunkeln, über windige Landstraßen, wo überall wildes Getier und sonstige Halunken herumspringen.«

Meine Frau begann, an ihrer Unterlippe zu nagen.

»Scheinwerfer, Kupplung, Ganghebel, Warnblinkanlage, Scheibenwischer«, zählte ich auf, während ich auf die Position der jeweiligen Bedienungselemente hindeutete.

»Was ist mit dem Sound?«, dröhnte es neben meinem Ohr, wo sich nun schon wieder die bekannte zobelbraune Schnauze befand. »Und nicht euer doofes Baby-Boomer-Zeug ... Wenn ich Barbra Streisand höre, bekomme ich Zahnfleischbluten.«

»Alexis!! Würdest du es dir bitte hinten bequem machen und still sein, ja? Es gibt jetzt keine Musik.«

»Wieso denn nicht? Das würde wenigstens mögliche Entsetzensschreie übertönen«, meinte Alexis.

»Bist du bereit?«, fragte ich meine Frau und überlegte angestrengt, wie lange es wohl dauern mochte, bis die Wirkung der Baldriantropfen einsetzen würde.

»Tower an Papa, Tower an Papa! Wir haben Sie zum Start freigegeben«, lautsprecherte Alexis im Hintergrund.

»Alexis, pschschscht!«, sagte ich, während die Knöchel an meiner Hand, die die Armstütze umklammerte, weiß hervortraten.

Meine Frau manövrierte den Lieferwagen erfolgreich im Rückwärtsgang die Auffahrt hinunter, dann schaltete sie in den ersten Gang und fuhr auf unserem Feldweg in Richtung Straße. An der Einmündung zur Straße hielten wir an. Sie schaute nach links, sie schaute nach rechts, ließ behutsam die Kupplung kommen, gab vorsichtig etwas Gas ...

»Haalt!!«, kreischte Alexis.

... und ließ die Kupplung so plötzlich los, so daß der Wagen einen Satz nach vorn machte und der Motor abgewürgt wurde.

»Was soll das?!«, riefen wir beide nahezu gleichzeitig und drehten uns nach Alexis um.

»Ich möchte kurz im Briefkasten nachsehen«, sagte Alexis, »ich erwarte nämlich eine Postsendung.«

»Alexis, von all deinen dummen Streichen ...«

Just in diesem Augenblick kam in donnernder Stampede die Rinderherde unseres Nachbarn (diese Viecher brachen ständig aus irgendwelchen Umzäunungen aus) die Straße entlang – genau da, wo wir jetzt gewesen wären, hätte Alexis nicht unseren Abflug unterbrochen.

Alexis schob den Kopf durch das Fenster ins Innere der Fahrerkabine und ließ das Mobiltelefon in meinen Schoß fallen.

»Deine Versicherungsberaterin hat angerufen. Sie meinte, du schuldest mir jetzt einen ganzen Haufen Leckerli.«

»Ich glaube, ich komme mit dem Wagen ganz gut zurecht«, ließ sich meine Frau in etwas zaghaftem Ton vernehmen. »Gehen wir doch einfach wieder nach Hause, ja?«

»O ja, bitte!«, riefen alle im Fahrzeug Anwesenden wie aus einem Mund. Und Mama steuerte den Lieferwagen im Rückwärtsgang den Feldweg zurück und in die Auffahrt hinein, routiniert wie ein alter Hase.

# Verräterische Klatschgeschichten (aus der Basset-Chronik)

Verbissen und unter höchstem Termindruck kämpfte ich mit der stilistischen Überarbeitung eines Buchmanuskripts, auf das mein Verlag dringend wartete, und ich hoffte inständig, dass die größte unmittelbare Gefahr, die meiner geistigen Gesundheit drohte, nämlich Alexis, sich anderweitig beschäftigen und mir fernbleiben würde. Schön wär's gewesen – denn schon hörte ich das Geräusch der Hundeklappe, und ihre Königliche Zobelbraune Hoheit kam ins Wohnzimmer stolziert, wobei sie zwischen einem halben Rudel schlafender Hunde hindurchmanövrierte.

»Du gehst besser mal 'raus und rettest Daphne«, sagte sie.

»Alexis, ich muss dieses Manuskript bis spätestens 17.00 Uhr an einen Expresskurier übergeben haben – worum geht es?«

»Nun ja, Daphne kriegt den Rückwärtsgang nicht 'rein, und wenn sie in einer Ecke des Gartens steckenbleibt, bumst sie erst gegen die eine Seite des Zauns und dann gegen die andere, immer hin und her, bis sie anfängt, dieses Geräusch zu machen.«

»Welches Geräusch?«, fragte ich.

»Du weißt schon – es hört sich an wie Luciano Pavarotti, wenn er seinen Pipi im Reißverschluss eingezwickt hat.«

»Schön, ich kümmere mich darum, und dann musst du mich für den Rest des Tages in Ruhe lassen.«

»Wenn du schon da draußen bist, könntest du ihr eigentlich auch gleich ein neues Mantra geben«, schlug Alexis vor.

»Mantra? Ist Daphne denn Buddhistin?«

»Könnte schon sein«, sagte Alexis. »Sie läuft den ganzen Tag herum und murmelt: ›Liebapappa, Liebapappa, Liebapappa.‹«

Ich ging hinaus und drehte Daphne in die entgegengesetzte Richtung. Sie watschelte zufrieden davon, ohne ihren Singsang zu unterbrechen. Und erneut nahm ich meinen Rotstift zur Hand und fluchte über einen Autor.

»Das ist doch nicht Englisch oder Amerikanisch. Das ist eine fremde Sprache, am Ende die Sprache eines Alien«, stöhnte ich frustriert.

Ich hörte Alexis den Hausflur entlangschlurfen; sie ahmte das Geräusch einer Sirene nach.

»Jauuuu – jauuu – jauuu! Doppelter Zwischenfall mit Katzen im Schlafzimmer«, meldete sie, und sie schien mit sich zufrieden zu sein.

»Was ist denn jetzt schon wieder los?«, wandte ich mich kurz angebunden und sichtlich gereizt an Alexis.

»Erstens, Jasper hat einen Haarklumpen von der Größe eines Hamsters hervorgewürgt – wir vermissen nicht zufällig einen Hamster, oder? Und dann muss Fleck wohl etwas Schlääächtes gegessen haben. Er hat wieder seine Nummer mit den Geschossen abgezogen. Sehr farbenfroh, ich muss schon sagen – es sieht da aus wie in einem Disney-Film.«

»Recht vielen Dank, Alexis, ich kümmere mich darum.«

Zehn Minuten später machte ich mich, nach Teppichreiniger mit Fichtenaroma riechend, wieder an meine schier unlösbare Aufgabe.

»Wenn ich die High-School-Lehrerin ausfindig machen könnte, die diesem Autor Englisch beigebracht hat, würde ich ihr eines verpassen«, brummelte ich vor mich hin. »Am liebsten würde ich ihn mitsamt seinen Partizipien über einem schwindelnd hohen Abgrund baumeln lassen.«

Alexis saß in meiner Nähe und tat so, als sei ihre Aufmerksamkeit ganz auf das gerichtet, was vor dem Fenster geschah, aber gelegentlich schielte sie aus dem Augenwinkel zu mir herüber. Sie räusperte sich.

»Hast du besonderen Wert auf das Stück Seife mit der Kordel dran gelegt, das du im Badezimmer hattest?«, fragte sie unschuldig.

»Nein. Wieso?«

»Amadeus hat es soeben gefressen«, verkündete sie und sah beeindruckt aus.

»Das macht nichts. Die Seife war organisch, und seit seiner Welpenzeit hat Amadeus immer wieder mal Dinge gefressen, die größer waren als sein Kopf, und es hat ihm nicht geschadet.«

»Ich finde, du solltest einmal herkommen und einen Blick aus dem Fenster werfen«, meinte sie. »Er hat Blähungen bekommen, und jetzt sieht es so aus, als wäre eine Blasmusik im Garten. Oooh – schau mal, was für eine Riesenseifenblase!«

»Bitte, Alexis, zieh Leine – geh die Hunde im Garten hinten besuchen und lass' mich an diesem Buch arbeiten!«

Alexis trollte sich und bemühte sich, zutiefst beleidigt dreinzublicken. Ich mühte mich weiter damit ab, sinnvolle Sätze zusammenzuschustern, sammelte Kommas ein und verstreute sie an anderen Stellen. Der Angstschweiß trat mir auf die Stirne, als ich auf die Wanduhr sah.

Ein paar Minuten später kam Alexis wieder herein; sie setzte sich hinter mich und starrte meinen Hinterkopf an. Ich versuchte sie zu ignorieren. Doch meine Konzentration war dahin, und so drehte ich mich auf meinem Stuhl herum.

»Was ist jetzt schon wieder!?«

»Apollo und Frasier haben hinten im Garten ein Riiiiiesenloch gegraben, und jetzt schütten sie es wieder zu«, berichtete sie.

»Das ist egal!«, krächzte ich verzweifelt. »Der Garten sieht eh schon aus wie ein explodiertes Minenfeld – nun zum letzten Mal: Würdest du bitte das Weite suchen?!«

»Hmmmpff!«, schmollte sie und machte sich durch die vordere Hundeklappe davon.

Ich hatte kaum ein paar weitere Korrekturen am Manuskript vorgenommen, als ich schon wieder das Quietschen der Hundeklappe hörte und sich eine dunkle Schnauze durch die Öffnung schob.

»Was gibt's, Alexis?«

»Habe ich zufällig erwähnt, dass sich die Beagle-Jungs auf dem Grund des Loches befinden?«, fragte sie in sachlichem Ton.

»Was??!!«

Ich stürzte in den Garten, wo ich Ernest und Julio – zum Glück noch lebendig – aus dem Erdloch herauszog. Ich befreite das Fell der beiden vom Schmutz und besänftigte sie mit einer Handvoll Hundekekse. An meinen Schreibtisch zurückgekehrt, schaute ich besorgt zur Wanduhr, bevor ich Alexis einen warnenden Blick zuwarf. Sie sah unbeteiligt zur Zimmerdecke hinauf, wich langsam zurück und setzte sich auf eine schlafende Katze.

Mit einem Fauchen sprang der erschrockene Sergej hoch und landete auf dem, was er für ein Sofa hielt – ein Sofa mit Ohren. »Wuff!« Ein wütender Flash machte einen Satz und stieß dabei den Beistelltisch um. Die Tischlampe hing für einen Sekundenbruchteil in der Luft, bevor sie auf einen Liegestuhl krachte, auf dem Danny der Dackel unter einem Afghanen schnarchte, der etwas missgelaunt war. Entsetzt beobachtete ich, wie Hunde und Katzen in die Luft gingen, als würden sie eine Trapeznummer aufführen.

»RUUUHEE!!« schrie Alexis. Ohne es zu beabsichtigen, brach ich den Rotstift in meiner Hand entzwei.

»Habt ihr denn keinen Anstand?«, wies sie die verwirrte Truppe zurecht. »Papa versucht hier zu arbeiten!!«

Sie schaute zu mir herüber – ich hatte das Gesicht in meinen Armen auf dem Schreibtisch begraben.

»Jetzt seht doch nur, was ihr angestellt habt!«, fuhr sie fort. »Ihr habt ihn zum Weinen gebracht!«

# Nicht Di Giorno, sondern pfui!
## (aus der Basset-Chronik)

Ich kam zur Hintertür herein – vorsichtig balancierte ich eine Pizzaschachtel und schnupperte den köstlich-aromatischen Duft. Alexis, neugierig und misstrauisch wie immer, kam mir an der Tür entgegen.

»Was ist das?«, fragte sie.

»Das ist meine Pizza ... mein Abendessen. Seit deine Mama nach Europa abgereist ist, habe ich mich kümmerlich von Salat, Makkaroni und Käse ernährt, und ich kann das Zeug jetzt einfach nicht mehr sehen.«

»Ist das etwa pikante Salami, was ich da sehe?«, fragte Alexis.

»Ähem, äh – ja. Geh jetzt weg da.«

»Ist das nicht eine etwas ungewöhnliche Speisenauswahl für einen Vegetarier?«, fuhr Alexis fort.

»Naja, ich will das nicht abstreiten, aber Salami ist eben meine eine Schwäche. Ich kam zufällig an dem Pizzaservice vorbei und konnte einfach nicht widerstehen. Ich bin schließlich nur ein Mensch, und außerdem bin ich zur Hälfte Italiener ... ich habe quasi Salami im Blut.«

»Aha, so ist das also! Der Herr Tierschützer und Anwalt der armen Kreatur lässt auf einmal Jahre des Predigens hinter sich und nimmt seine Zuflucht zur Heuchelei!«, schniefte Alexis.

Die Pizza verlor ein wenig von ihrem köstlichen Aroma.

»Ich schätze, ich habe diese abfällige Bemerkung verdient. Ich gebe es ja zu, ich bin schwach. Als Wiedergutmachung werde ich ein paar Kerzen anzünden oder sowas.«

»Es ist dein guter Ruf«, seufzte Alexis.

»Alexis, nun lass' es mal gut sein. Ich habe ja schließlich nicht die Kuh getötet, die für diese Wurst verarbeitet wurde!«

»Dieses Argument zieht nicht. Wie sagte doch Sir Paul McCartney? ›Wenn Schlachthäuser gläserne Wände hätten, würde niemand mehr Fleisch essen.‹«

Die Pizza wurde ganz plötzlich zu einem Symbol für ein blutiges Gemetzel.

»Ich, äh, naja, ich hab' mir das, ähem, wohl nicht so gründlich überlegt, wie ich …«

»Einen Moment mal«, unterbrach mich Alexis, »bist du nicht der Typ, der diese Geschichte ›Wie konntest du nur?‹ geschrieben hat?«

»Das weißt du doch«, sagte ich.

»Nun also: *Wie konntest du nur?*«

»Ach du meine Güte! Gut, in Ordnung, du hast gewonnen. Ich denke, ich gehe auf den Hügel hinauf und begrabe die Pizza dort und halte so eine Art Gedenkgottesdienst ab«, entgegnete ich und schielte wehmütig zur Pizzaschachtel. Ich brummelte vor mich hin, als ich im Kühlschrank herumwühlte, um etwas Essbares zu finden. Ich nahm einen Karton mit Eiern heraus.

»Sind das Freilauf-Eier von glücklichen Hühnern?«, fragte Alexis unschuldig.

»Nein, sind sie nicht«, sagte ich. »Der Gemüseladen hier im Ort verkauft nur Eier aus der Legebatterie. Das gefällt mir zwar nicht, aber ich kann es nicht ändern.«

»Wer hat behauptet, du könntest es?«, gab Alexis zurück und tat beleidigt. »Ich dachte nur an diese armen kleinen Hühnchen, denen man die Schnäbel abgeschnitten hat, die man zur Mauser zwingt und die ihr ganzes Leben eingepfercht in Drahtkäfigen verbringen, bis ihre armen winzigen Füßchen völlig verkrüppelt sind.«

Ich riss die Kühlschranktür so heftig auf, dass sie gegen die Anrichte knallte. Ich steckte den Kopf in den Kühlschrank und grantelte vor mich hin.

»Vergiss nicht mein Abendessen«, sagte Alexis.

Ich holte einige Sachen aus dem Kühlschrank und machte mich daran, sie in einer Schüssel zu vermischen. Dann hob ich den Futternapf von Alexis vom Fußboden auf, schaufelte ihn voll und stellte ihn mit einem lauten Klack wieder ab.

»Da!« Ich zeigte auf den Napf. »Bon appetit.«

Alexis spähte vorsichtig in ihren Napf und warf mir dann einen giftigen Blick zu.

»Was soll denn das sein?«, fragte sie.

»Das sind grüne Bohnen, Tofu und Sojasprossen – alles rein vegetarisch.«

»Uuäääh … Ich dachte, du glaubst an biologisch ausgewogene Ernährung für Tiere«, sagte sie. »Ich habe eine tolle Neuigkeit für dich: Ich bin ein Carnivore – ein Fleischfresser!«

»Bist du nicht, jedenfalls nicht heute abend. Du isst das, oder du bleibst eben hungrig.«

Sie saß mit einem völlig verblüfften Ausdruck da und schnitt Grimassen.

»Vielleicht waren meine Bemerkungen vorhin etwas übereilt«, räumte sie ein. »Schau, ich schlage dir ein Geschäft vor: Wir teilen uns einfach die Pizza.«

Ich öffnete die Pizzaschachtel und betrachtete sehnsüchtig die goldbraune Kruste, die köstlich knusprige Salami, die vielen kleinen Teiche aus geschmolzenem Käse, die leuchtend roten Tomatenscheiben. Die Pizza sah allmählich wieder etwas appetitlicher aus, und mein Magen knurrte.

»Ich weiß nicht so recht … es ist falsch. Es widerspricht meinen Überzeugungen«, antwortete ich und zwang mich, woanders hinzuschauen.

»Nun, du hast die Kuh ja schließlich nicht selbst getötet«, erinnerte mich Alexis. »Und mach' dir keine Sorgen, ich werde kein Sterbenswörtchen verraten – nicht einmal deiner Königin des Rosenkohls.«

»Sie wird es herausfinden, wenn sie anruft«, sagte ich. »Sie hört es an meiner Stimme. Sie wird die Salami vermutlich sogar durch die Telefonleitung hindurch an meinem Atem riechen. Und du weisst, wie sie darauf reagieren wird.«

»Was bist du denn für ein Kerl? Bist du ein Mann oder bist du ein Waschlappen?!«, fragte Alexis gereizt. »Schneid' jetzt endlich diese Pizza auseinander und her damit! Bereuen können wir später.«

»In Ordnung«, entschied ich. »Aber so etwas tun wir nie wieder, so lange wir leben.«

»Schön«, stimmte Alexis zu. »Wenn es dein Gewissen erleichtert, nehme ich vier Stücke, und du kriegst zwei.«

# Das heilige Opfer

Dies ist mein Leib, für dich zerstückelt.
Benutze ihn.
Dies ist das Blut meines Lebens.
Vergieß es
– wenn dich hungert.

Musst du deine Blöße vor der Kälte schützen,
so nimm meine Haut.

Schreien deine Kinder wegen der Schmerzen
in ihren leeren Mägen,
so nähre sie.

Tu es!
Lass das Messer schnell mit glattem Schnitt aufblitzen.
Schreie ich auf,
wenn mein Geist aus seiner Hülle befreit wird,
so weine auch du,
in einer Vereinigung unserer Geister,
im Lobpreis unseres Schöpfers,
für seine Güte,
in Dankbarkeit gegenüber dem Geist der Erde
für die reichen Gaben,
in der Bitte an meine Verwandten
um Vergebung für meine Opferung
– für euren Hunger.

Weihet den Boden, den mein Blut tränkt.
Er ist heilig.
Sprecht ein Gebet für das Überleben meiner Verwandten
– wenn euch hungert.

Wenn euer Messer in das Mysterium des Lebens schneidet,
so freut euch daran.
Verschwendet nichts.
Bringet in Dankbarkeit ein Brandopfer dar
– für euren gestillten Hunger.

Dies ist mein Leib, für dich zerstückelt.
Benutze ihn.
Dies ist das Blut meines Lebens.
Vergieß es
– wenn dich hungert.

Und wenn es eine andere Lösung gibt,
so finde sie!

War es Hunger?

# *Wie soll ich Dich nennen?*

Ich weiß nicht, wie ich Dich nennen soll.
Soll ich Dich mit Gott ansprechen?
Oder mit Jahwe, Jehova, Schöpfer,
Großer Geist ... Göttin?
Ich weiß nur, dass ich Deine Gegenwart
die meiste Zeit meines Lebens gespürt habe.

Ich hörte Deine Stimme im Heulen des Windes
und im klagenden Schrei des Haubentauchers,
der über den See gleitet.
Ich schaute Dein Antlitz,
eingegraben in die fernen, schneebedeckten Felsgipfel
und sich widerspiegelnd in den kräuselnden Becken der Bergflüsse.

Ich sah Deinen Schatten, wie er über goldgetönte Wolken
von fließendem Blau und Rosa zog.
Ich fühlte Deinen Atem
in Wüstenwind und Meeresbrise.
Ich spürte Deine Berührung in der Wärme der Sonne
und in den kalten Böen arktischer Luft.

Ich beobachtete Deine Tränen,
wie sie in Bächen strömen und zu reißenden Flüssen schwellen,
bis der ausgetrocknete Boden dampft.
Ich sah Dein Licht,
wie es die Küste nach einem Sturm erhellt
und sich zu Regenbogenstrahlen der Hoffnung bricht.

Ich empfand Dein Künstlertum
in den knorrigen Händen einer alten Frau,
die sich bemüht, die Arbeiten ihrer Mädchenzeit zu verrichten.

Ich spürte Deinen Mut bei Behinderten,
die erfolgreich sind,
obwohl alles gegen sie zu sprechen scheint.

Doch ich spürte Dich *nicht* in so vielen Taten der Menschen …
Und ich weiß nicht, wie ich Dich nennen soll.

Ich sah, wie Dein göttliches Wirken unser Leben lenkt,
und ich spürte Deine Gegenwart
in der Art, wie ein Hund über meine Hand schleckte,
im Schnurren einer Katze,
im Nasenstups eines Pferdes,
im Ruf einer Wölfin.

Ich empfand Deine Liebe
in sternhellen Nächten,
in den Wellen, wie sie an den Strand spülen,
in der Geburt eines Kindes,
im Kuss eines Vaters,
in der Umarmung einer Mutter.

Ich roch Dich in der klaren Bergluft, im herben Duft einer Pinie,
im berauschenden Parfüm blühenden Lavendels,
im Rauch des Holzfeuers,
im frisch gemähten Gras des Obstgartens,
im Geruch einer Frau, im Schweiß eines Mannes,
im Atem eines Babys.

Ich hörte Deine Schritte
im Krachen von Donner und Blitz,
in Zweigen, die unter dem Gewicht des Schnees brechen,
im Dröhnen der Hufe der Karibus,
die über die Ebene jagen,
in der Stille, die dem Tod folgt.

Ich spürte Dich vorübergehen
im Nebel, der in die Täler niedersinkt.

Während andere Dich in gewählter Ausdrucksweise
und in mächtigen Werken erklären,
nach einer Beziehung zu Dir suchen
und nach Beweisen für Deine Existenz,
frage ich mich, warum sie nicht wissen,
dass Du in uns allen bist.

Ich spüre Dich dort, tief drinnen,
und ich weiß,
dass wir alle von Dir geschaffen sind,
in Dir sind und Du in uns bist.
Wir sind eins,
und ich kenne Dich im Herzen.

Nur weiß ich nicht, wie ich Dich nennen soll.

Und was ist mit Deinen »Geboten«
und den Predigten, die von Menschen gehalten werden:
dass wir im Einklang mit Dir und in Deinem Willen leben sollen?
Wie unterscheiden wir Deine Worte von den ihren?
Vielleicht erheitern sie Dich sogar – aber vielleicht nicht so sehr
wie die unbeholfene Art vieler, Dich in der Kunst darzustellen.

Was ist mit den Tempeln und Kathedralen,
mit all den Denkmälern,
die Dir zu Ehren errichtet wurden? –
Wo doch alles, was Du wünschst, dieses ist:
dass wir etwas, das der Ehre wert ist,
in unseren Herzen erbauen.

Was ist mit all den Gebeten und Bittgängen,
den Ritualen und Opfern?
Das Leben selbst ist ein Gebet,
und glauben bedeutet: leben und nicht aufgeben.
Und Liebe ist die Antwort.
Ist es nicht das, was Du in unsere Herzen pflanztest?

Es ist wirklich ganz einfach, nicht wahr?
*Glaube.* Liebe, ehre, respektiere, erkenne an
und lasse diese Welt ein wenig besser zurück,
als du sie vorgefunden hast.
Alles, einschließlich dieser Worte,
ist ein Geschenk von Dir.

Du existierst jenseits der Grenzen der Zeit,
und wir, in unserer zeitlichen Beschränktheit,
bemühen uns zu begreifen.
Du umfasst all dies
und vieles mehr,
bist allwissend und allmächtig.

Nur weiß ich nicht, wie ich Dich nennen soll.

Vergib mir!
Segne mich, heile mich, hilf mir.

# Die Übertragung der Seelen

Frau Ehrlich versetzte dem laut schnarrenden Wecker mit der einen Hand einen Klaps und tastete mit der anderen auf dem Nachttischchen nach ihrer Brille. Sie war es gewohnt, früh aufzustehen; doch nur ihr Versprechen, für das Weinfest des Dorfes zwei Dutzend Apfelkuchen zu backen, war eine Rechtfertigung dafür, schon um fünf Uhr früh aus dem warmen Federbett zu kriechen. Sie streckte die Finger und rieb sich die Hände, die vom Schälen, vom Entfernen der Kernhäuser und vom Schnitze-Schneiden noch schmerzten, denn sie hatte am gestrigen Abend kiloweise Äpfel verarbeitet.

Rasch zog sie sich an und schlich auf Zehenspitzen am Zimmer ihres Enkels vorbei. Der Duft von Apfelkuchen im Backofen würde ihn noch früh genug aufwecken. Sie war froh, ihn bei sich daheim zu haben, denn sie wusste, dass er das Internat nicht mochte – auch wenn er es vermied, über dieses Thema zu sprechen.

Sie blieb kurz am Fenster im Treppenhaus stehen und beobachtete, wie sich die Rücklichter des Autos ihrer Tochter Katja die Auffahrt hinunterbewegten und im Nebel verschwanden. Frau Ehrlich schüttelte den Kopf. Sie hatte den Versuch aufgegeben, ihre Tochter davon zu überzeugen, dass das Leben in der Welt der großen Firmen es nicht wert war, täglich drei Stunden auf verstopften Autobahnen hin- und herzupendeln. Katja hatte ihre eigenen Ansichten, und dies war ein Grund dafür, dass sie sich entschieden hatte, im früheren Gästehäuschen zu wohnen. Sie setzte ihre Kenntnisse in finanziellen Dingen dafür ein, um der Familie zu helfen und die Bücher des Winzerbetriebs in Ordnung zu halten; aber ansonsten zeigte sie wenig Interesse am Weinbau oder am dörflichen Leben.

Frau Ehrlich ging weiter, die Treppen ins Erdgeschoss hinunter. In der Küche angekommen, schaltete sie das Licht an. Sie streckte sich und gähnte herzhaft. Sie war dankbar, dass noch etwas Glut in der Asche im Herd glomm. Schatzi, eine Drahthaardackel-Hündin, lag ausgestreckt an ihrem gewohnten Platz auf einem Kissen vor dem Ofen und machte keinen Mucks. Frau Ehrlich ging vorsichtig an ihr vorbei, denn die alte Hündin war wegen ihrer zunehmenden Taubheit sehr leicht zu erschrecken. Frau Ehrlich füllte Kaffeebohnen in die elektrische Kaffeemühle und ließ den Deckel zuschnappen – davon würde die alte Hundedame schon aufwachen. Schatzi hasste die Kaffeemühle ebenso sehr, wie sie den Staubsauger verachtete. Aber auch als die Bohnen mahlten, regte sich die Hündin nicht, und Frau Ehrlich schaute etwas eingehender und mit wachsender Besorgnis zu ihr hinüber.

Sie ging zu Schatzi und suchte nach an einem Anzeichen für eine Atemtätigkeit oder nach irgendeiner kleinen Bewegung. Nichts. Etwas steif beugte sie sich zu der Hündin hinunter und legte ihre Hand auf Schatzis Brust … sie fühlte sich sehr kalt und irgendwie hart an. Sechzehn Jahre lang war die Hündin der Schatz der Familie gewesen, genau wie ihr Name es besagte. Frau Ehrlichs Augen füllten sich mit Tränen.

Schatzi war eigentlich nie »ihr« Hund gewesen, sondern hatte zur Hinterlassenschaft ihres verstorbenen Mannes Heinrich gehört und war Bestandteil der Familiengeschichte. Heinrich, der sechs Monate vor der Geburt ihres Enkels Christian gestorben war, hatte den Dackelwelpen bei einem Preisschießen gewonnen. Die Hündin hatte von Anfang an keinen Zweifel daran gelassen, dass sie zu einem Mann gehörte, und als Christian alt genug war, um auf seinen Beinchen herumzuwatscheln, hatte Schatzi ihn als ihr neues Herrchen beansprucht. Frau Ehrlich war früher schon einmal drauf und dran gewesen, ihren Gemahl samt dem Welpen in die Scheune zu verbannen – nachdem nämlich Schatzi die Fransen auf einer Seite des Perserteppichs im Wohnzimmer abgenagt hatte (tatsächlich wurde die ruinierte Seite des Teppichs immer noch geschickt unter dem Schrank verborgen, in dem das gute Porzellan stand).

»Oh, Schatzi«, stöhnte Frau Ehrlich leise, »und das ausgerechnet heute!«

Das alljährlich stattfindende dreitägige Weinfest des Dorfes war
ein Anlass für Feiern und für Familienfeste, denn Verwandte und
verlorene Söhne und Töchter kehrten heim an die Stätten ihrer
Kindheit. Es war auch der Anlass, der ihren Enkel Christian aus
dem Internat nach Hause gebracht hatte. Der Junge würde über
Schatzis Tod, der ja durchaus zu erwarten gewesen war, nicht so
leicht hinwegkommen. Den größten Teil der Zeit, die er daheim
war, hatte er in der Gesellschaft der Hündin zugebracht. Und als
Schatzi zu alt und wegen ihrer Arthritis zu unbeweglich geworden
war, um weite Spaziergänge zu machen, hatte er sie getragen. Christian
hatte seinen Großvater nicht gekannt, aber man hatte ihm gesagt,
er sei dessen genaues Ebenbild.

Außer dem Weggang seines Vaters, der die Familie verlassen
hatte, nachdem sich die beruflichen und persönlichen Gegensätze
zwischen den beiden Eltern als unvereinbar erwiesen hatten, hatte
Christian im Lauf seiner zwölf Lebensjahre noch nie den Verlust
eines geliebten Wesens verkraften müssen. Frau Ehrlich hingegen
hatte die Kriegsjahre durchgemacht. Da hatte man gelernt, sein
Leben trotz aller Verluste weiterzuführen, und es als eine Art Ehrenschuld
gegenüber denen, die verstorben waren, betrachtet, dass
man es so erfolgreich wie möglich tat.

»Ich vermute, sie ist jetzt da oben bei dir, Heinrich«, sagte Frau
Ehrlich, zur Zimmerdecke gewandt, »und macht teure Teppiche
kaputt.«

»Mit wem redest du, Oma?«, fragte Christian von der Küchentür
her. Frau Ehrlich drehte sich um, wobei sie sich schnell die Tränen
aus den Augen wischte.

»Oh, Christian … guten Morgen. Ach, eigentlich rede ich mit
niemandem.« Und nach einer kleinen Pause fuhr sie fort: »Christian,
ich habe eine traurige Nachricht … Schatzi ist letzte Nacht
im Schlaf gestorben.«

Der Junge zeigte keinerlei Gemütsregungen, als er um den Tisch
herumkam und auf den kleinen Hund hinunterstarrte. Er beugte
sich nieder, den Rücken seiner Großmutter zugekehrt, und dann
hoben und senkten sich seine Schultern in leisem Schluchzen.

»Christian …«, begann die Großmutter und machte Anstalten, von ihrem Stuhl aufzustehen, aber er hob die Hand und bedeutete ihr, ihn mit Schatzi allein zu lassen. Er streichelte den Hund und gab dabei ein leises Wimmern von sich. Dann drehte er sich um, sein Blick suchte seine Großmutter, und Tränen liefen ihm übers Gesicht. Schließlich stand er auf, rannte zur Küchentür hinaus, über den Hof und immer weiter. Vom Küchenfenster aus konnte Frau Ehrlich gerade noch sehen, wie das vordere Tor zufiel und der Junge die Landstraße entlang stürmte, als würde er gehetzt.

Langsam löste die Sonnenwärme den Nebel auf.

»Mein Gott«, murmelte Frau Ehrlich, »und das auch noch ohne Frühstück …«

Sie nahm den Telefonhörer auf und wählte die Geschäftsnummer ihrer Tochter.

Der Junge rannte, als wäre der Teufel persönlich hinter ihm her. Die kalte Morgenluft brannte in seinen tränennassen Augen, als er an den abgeernteten Tabakfeldern vorbeipreschte. Die reifbedeckten rosa Blüten waren wie die letzten Überbleibsel des Sommers. Christian mied die langen Reihen der Weinreben, wo man schon die Arbeiter, die jetzt die letzten Beeren lasen und die Weinstöcke beschnitten, singen und lachen hören konnte. Er riss sich das Flanellhemd vom Leib und wischte sich damit den Schweiß von der Stirne. Er lief immer weiter, vorbei an dem Fleckenteppich der Weinberge, die sich die steilen Hänge emporzogen, bis hoch über das Rheintal hinauf. Schließlich erreichte Christian das Ende des unbefestigten Fahrweges und beugte sich vor, die Hände auf die Knie gestützt und nach Luft ringend. Er kletterte über die wenigen ausgetretenen Steinstufen, die zum alten Familienfriedhof führten. Dort angekommen, breitete er sein Hemd auf dem vom Tau noch feuchten Gras aus und warf sich zwischen den Grabsteinen mit dem Gesicht nach unten auf den Boden. Die Kälte erfasste den Jungen von unten und ließ die Vorderseite seines Körpers ganz gefühllos werden, während die Morgensonne ihm eine wärmende Decke über den Rücken legte. Christian weinte.

»Weinst du, weil du einen Wettlauf verloren hast? Oder weil du vielleicht jemanden verloren hast, der dir wichtig war?«, fragte plötzlich eine Männerstimme, die von irgendwo oberhalb kam. Christian rollte sich überrascht herum und schützte die Augen mit seinem Arm vor der Sonne. Ein alter Mann mit einem stahlgrauen Bart, einem breitkrempigen Schlapphut und einer zerschlissenen Wollstrickjacke stützte sich auf einen Spazierstock und schaute mit einem freundlichen Lächeln auf ihn herab.

Christian schwieg, während der alte Mann sich auf einer steinernen Bank niederließ, die im Lauf der Jahrhunderte bedenklich eingesunken war. Sein Gesicht wurde von der Krempe der Schlapphuts überschattet, aber es war irgend etwas Vertrautes an ihm. Christian vermutete, dass er einer jener alten Dorfbewohner war, die ein zurückgezogenes Einsiedlerleben führten.

»Mein Hund ist gestorben«, gab Christian Auskunft. Er wollte gerade weitersprechen, als plötzlich von irgendwoher ein junger Drahthaardackel auftauchte, auf den Mann zusprang und ihn mit der Pfote mehrmals gegen das Knie tapste, um Aufmerksamkeit zu bekommen.

»Sie haben auch einen?!«, meinte Christian verblüfft. »Meiner war auch ein Drahthaardackel. Wie heißt denn Ihrer?«

»Das ist eine ›sie‹, und sie heißt ›Schatzi‹.«

»Wirklich?!«, rief Christian erstaunt. »Mein Hund hieß auch ›Schatzi‹.«

Der alte Mann kicherte. »Das ist ein verbreiteter Name … Die Dackel-Leute haben Ausdauer, was ihre Liebe angeht, aber sie sind nicht besonders einfallsreich.«

»Ja, das kann schon sein«, entgegnete Christian. »Mein Großvater hat sie so genannt. Sie war zuerst sein Hund, und dann, nachdem er gestorben war, wurde sie mein Hund.«

»Verstehe«, antwortete der alte Mann.

Die kleine Hündin hatte keine Lust mehr, noch länger um Aufmerksamkeit zu betteln, und begann unter der Bank herumzuschnüffeln. Ein paar Erdklumpen flogen in die Luft, als sie scharrte, um einen imaginären Dachs zu stellen, und dann machte sie sich daran, ein paar aufrecht stehende Grabsteine nach anderen interessanten Geruchsspuren abzusuchen.

»Glauben Sie, dass Hunde in den Himmel kommen?«, fragte Christian, stützte sich auf einen Ellenbogen und beobachtete, wie der junge Dackel hinter einer Hecke verschwand.

»Sie kommen wirklich in den Himmel«, antwortete der alte Mann mit Bestimmtheit. »Nur deshalb bekommen sie ja Seelen.«

»Tiere haben Seelen?«, fragte Christian hoffnungsvoll.

»Nun, Tiere, die keinen Besitzer haben, also Tiere in der Wildnis, die haben etwas, das man als ›Kollektivseele‹, als ›Gemeinschaftsseele‹ bezeichnen könnte; die gibt ihnen der liebe Gott. Aber den Tieren, die wir lieben – zum Beispiel deiner Schatzi und meiner auch – wird eine individuelle Seele verliehen, eine Einzelseele. Gott erlaubt uns, eine Seele auf sie zu übertragen, damit wir einander später wiedererkennen können – dort droben«, sagte der alte Mann und deutete zum Himmel. »Durch unsere Liebe pflanzen wir ihnen eine richtige, vollständige Seele ein.«

»Ich bin mir nicht sicher, ob ich das verstanden habe«, sagte Christian nachdenklich.

»Es ist nicht immer ganz einfach, etwas in den Begriffen dieser Welt zu erklären, was eigentlich mit der jenseitigen Welt zu tun hat«, antwortete der alte Mann. »Es ist so wie … also, nehmen wir einmal das Fest da unten.« Der alte Mann zeigte in Richtung des Dorfes, das weit unter ihnen lag, wo Menschen geschäftig wie Ameisen herumwimmelten, Buden errichteten, Stühle und Tische aufstellten und die Gebäude mit ihren roten Ziegeldächern mit Girlanden und Wimpeln schmückten.

»Aus der Entfernung sehen wir ihre Gruppenseele – wir wissen, das sind Menschen wie wir, die wir gern haben, sogar lieben. Wir schätzen sie, brauchen sie, könnten uns ein Leben ohne sie gar nicht vorstellen. Es tut gut zu wissen, dass sie da sind. Aber das ist nicht dasselbe wie wenn man jemandem in die Augen schaut, den man liebt – einem Wesen wie deiner kleinen Schatzi, nicht wahr?«

»Nein, ich denke, das ist es nicht«, sagte Christian. »Ich verstehe. Wenn wir ein Tier lieben, dann geben wir ihm dadurch eine eigene

Seele, und weil wir diejenigen sind, die sie ihm gegeben haben, wissen wir alles über dieses Tier, wir kennen es in- und auswendig und können es auch inmitten einer Menge ähnlicher Tiere erkennen und herausfinden. Stimmt das so?«

»Ich würde sagen, du hast es ziemlich genau auf den Punkt gebracht«, sagte der alte Mann, und er stützte sich schwer auf seinen Spazierstock, um sich von der Bank zu erheben. »Weil wir gerade von Seelen reden, verlorenen und sonstigen – ich sollte besser mal nachschauen, was dieser kleine Dackel wieder im Schilde führt.«

Christian wollte eben seine Hilfe anbieten, als er hörte, wie jemand seinen Namen rief und den Fahrweg heraufeilte. Er wendete sich um und sah, dass es Jens war, der Geschäftsführer des Weinguts.

»Tut mir leid, Jens, ich musste allein sein. Schatzi ist heute Nacht gestorben – und dann habe ich mit dem Herrn da geredet …«, aber als der Junge sich umdrehte, waren der alte Mann und sein Hund bereits fort. Christian konnte sich wunderbar ausmalen, was seine Großmutter ihm über seine schlechten Manieren erzählen würde, wenn er ihr berichtete, dass es ihm gar nicht in den Sinn gekommen war, den Mann nach seinem Namen zu fragen.

»Ich weiß Bescheid«, meinte Jens, »deine Großmutter hat mich gebeten, Schatzi im Garten zu begraben, und sie sagt, du darfst dir einen Baum aussuchen, den du an dieser Stelle zu ihrem Andenken pflanzen darfst. Und jetzt komm mit, bervor sie die Polizei losschickt, damit sie nach uns beiden sucht.«

Christian ging schweigend neben Jens her, bis sie zum Weinberg kamen, und nickte zum Abschied, als Jens zwischen die Reben abbog. Der Junge ging zum Anwesen seiner Großmutter zurück, und der Duft von frischem Apfelkuchen empfing ihn an der Haustür.

Frau Ehrlich saß am mehlbedeckten Küchentisch, die Fenster standen offen, und die Vorhänge flatterten im Luftzug. Sie bemühte sich, ein Tablett mit verbranntem Apfelkuchen zu ignorieren, und versuchte statt dessen, den Wirbel der Gefühle, die in den letzten Stunden über sie hereingebrochen waren, zu sortieren. Sie hatte an diesem einen Tag bereits mehr Telefongespräche mit Katja geführt als in den vergangenen paar Monaten, und sie war mehr denn je davon überzeugt, dass ihre Tochter Heinrichs Fähigkeit, sie in Erstaunen zu versetzen, geerbt hatte.

Beim ersten Gespräch ging es vor allem um das Hinscheiden von Schatzi und darum, wie Christian wohl mit dem traurigen Ereignis fertig werden würde.

Der zweite Anruf brachte die Neuigkeit, dass Katja es sich zu Herzen genommen hatte, wie unglücklich Christian im Internat war; sie stimmte zu, dass er nicht mehr dorthin gehen und statt dessen in der nächstgelegenen Schule angemeldet werden sollte.

Das dritte Telefonat umfasste die Mitteilung, dass Katja den Dackelfreundeverein kontaktiert hatte und nun darauf wartete, von einer Frau zurückgerufen zu werden; diese Dame sollte ihr Informationen über Hunde geben, die ein neues Zuhause brauchten.

Der vierte Anruf brachte die Bestätigung, dass in einem Tierheim nicht weit von Katjas Büro eine junge Dackeldame abzugeben war, und Katja wollte nun früher aus dem Geschäft weggehen, um das Tier für Christian abzuholen.

Frau Ehrlich bezweifelte, dass sich während des Festwochenendes noch etwas ereignen könnte, das sie mehr überraschen würde – selbst wenn Frau Werfelmeyer auch dieses Jahr wieder zuviel vom jungen Wein trinken, auf einen Tisch klettern und Marlene-Dietrich-Lieder wie »Unter der Laterne« zum Besten geben würde.

Sie sah auf, als Christian zur Küchentür hereinkam. Er sah etwas verlegen drein, aber bei weitem nicht so von Trauer und Schmerz überwältigt wie zuvor.

»Hallo, Christian. Wie geht es dir, mein Lieber?«

»Ich bin okay, Oma. Ich weiß, ihre Zeit war gekommen. Jens hat mir erzählt, dass er sie begraben hat.«

»Ich dachte, es wäre am besten, es gleich zu erledigen«, erklärte ihm seine Großmutter. »Ich hoffe, es ist dir recht.«

Christian nickte, er war einverstanden. »Sie ist jetzt im Himmel, bei Opa«, sagte er voller Zuversicht. »Ein alter Mann oben auf dem Berg hat es mir erklärt.«

Frau Ehrlich hörte aufmerksam zu, als Christian wiederholte, was der alte Mann ihm über Tierseelen erzählt hatte. Sie gab sich alle Mühe, mehr Einzelheiten über den alten Mann in Erfahrung zu bringen und wollte wissen, wo er wohnte. Aber erst als der Junge die Kleidung des alten Mannes beschrieb, erschien ein Lächeln des Wiedererkennens auf ihrem Gesicht, und sie nickte.

»Alles gut und recht, und ich bin stolz auf dich, dass du es so gut aufnimmst und mit Fassung trägst«, sagte sie. »Und jetzt wirst du dich hinsetzen und ein paar Stücke von dem Apfelkuchen verdrücken, die ich nicht habe verbrennen lassen, und dann muss ich noch ein paar Dinge erledigen. Deine Mutter kommt heute etwas früher nach Hause, und sie bringt eine Freundin mit.«

Bei dieser Ankündigung zog Christian die Augenbrauen ein wenig in die Höhe, aber er fragte nicht nach. Frau Ehrlich war froh, dass er nicht in sie drang, um Genaueres zu erfahren, denn sie hatte strikten Befehl, das Geheimnis auf keinen Fall auszuplaudern. Sie servierte Christian den Kuchen und ein Glas Milch und entschuldigte sich dann.

Sie ging ins Esszimmer, zog die schweren Vorhänge zurück und prüfte, ob die Möbel staubig waren. Der eine Tag zwischen der Weinlese und dem Fest hatte einfach zu wenig Stunden, und die Gäste würden den Staub übersehen müssen oder eben später im Dorf darüber tratschen. Sie ging hinüber zu der verzierten Anrichte, zog die schwere Familienbibel zu sich heran und schlug den Buchdeckel auf. Eine Sammlung von vergilbten, vom Alter brüchig gewordenen Familienfotos glitt heraus. Sie blätterte sie durch und nahm eines davon mit ans Fenster.

Es zeigte Christians Großvater, wie er auf einem Holzklotz saß. In der einen Hand hielt er sein Lieblingsgewehr und mit der anderen balancierte er einen Drahthaardackel-Welpen, der wie ein kleiner Kobold dreinschaute, auf seinem Knie. Er trug die abgewetzte Wollstrickjacke, die sie hundert Mal geflickt hatte, unter der Krempe seines Schlapphuts leuchteten gütige Augen, und aus seinem stahlgrauen Bart kam ein freundliches Lächeln hervor. Sie küsste die Fotografie und legte sie in die Bibel zurück.

Stücke der Melodie von »Die Lorelei« drangen aus dem Dorf über die Hänge der Weinberge herauf. Die Lorelei, eine mythische Sirene, die so viele Schiffer verhext hatte, die den Rhein befuhren – sie fand, das könnte ein passender Name für ein kleines Dackelmädchen sein – vorausgesetzt, der Hund hatte bei seiner Ankunft nicht schon einen Namen. Frau Ehrlich hielt es aber für genauso wahrscheinlich, dass sie am Ende wieder eine ›Schatzi‹ haben würden. Was pflegte Heinrich immer zu sagen? Ja, richtig: »Die Dackel-Leute haben Ausdauer, was ihre Liebe angeht, aber sie sind nicht besonders einfallsreich.«

»Christian«, rief sie, als sie durch das Zimmer ging, »wenn du mit dem Kuchen fertig bist, komm bitte hierher zu mir und hilf mir, den Teppich zusammenzurollen.«

Katja bremste ihr Auto ab, als sie an den Kreisverkehr am Rand des Dorfes kam. Sie wartete geduldig, während ein Traktor mit einem Anhänger, der mit Heu und freiwilligen Festhelfern beladen war, vor ihr auf die Straße bog. Sie konnte sich nicht erinnern, wann sie zum letzten Mal so früh am Tag schon ihr Büro verlassen hatte. Und wenn sie an das Weinfest dachte, empfand sie eine Vorfreude, wie sie sie seit Jahren nicht mehr gekannt hatte.

Sie schaute auf das Dackelpärchen nieder, das zusammengerollt auf dem Beifahrersitz lag. Die Frau vom Dackelfreundeverein hatte es unterlassen zu erwähnen, dass das Weibchen, Schatzi, einen Bruder namens August hatte. Und nachdem der Tierheimdirektor ihr mitgeteilt hatte, dass die beiden Hunde unzertrennlich waren und sich gegenseitig getröstet hatten, als ihr Besitzer gestorben war, konnte sie den Rüden schlecht allein zurücklassen. Der Direktor hatte ihr versichert, die beiden seien äußerst wohlerzogen und absolut stubenrein. Katja fand, auch wenn das nicht ganz der Wahrheit entsprechen sollte, würde es ihr doch immerhin einen Vorwand bieten, ihrer Mutter zu Weihnachten einen neuen Perserteppich zu schenken.

# *Alexis und der Weihnachtsmann (aus der Basset-Chronik)*

Wir versuchten, uns dem Weihnachtsfest zwischen »Macht hoch die Tür« und »Stille Nacht, heilige Nacht« in einer möglichst geziemenden und geordneten Art und Weise zu nähern. Meine Frau als Deutsche bestand darauf, schon während der Adventszeit alle weihnachtlichen Traditionen und Bräuche zu pflegen. Sie bereitete Erfrischungen für den letzten Adventssonntag zu, und wir versammelten uns, samt unserer gesamten felltragenden Familie, im Wohnzimmer. Besondere Aufmerksamkeit fand eine große Schüssel mit selbstgemachtem Eierlikör, Eggnogg genannt, ferner gab es Weihnachtsgebäck und besondere Leckereien für Welpen und Jungkatzen – all dies ließ die Augen glänzen.

»Papa, kann uns Alexis dieses Jahr wieder eine Weihnachtsgeschichte erzählen?«, fragten Sassy und Hercules wie aus einem Munde, und der Gesichtsausdruck von Alexis verriet mir zweifelsfrei, dass sie die beiden zu dieser Frage animiert hatte.

»Oh, was für eine reizende Idee«, antwortete meine Frau, bevor ich eine Chance hatte, sie davon abzuhalten. Sie hatte nämlich die Weihnachtsgeschichte des letzten Jahres verpasst.

»Mach' ich gerne«, meldete sich Alexis zu Wort, ohne aufgefordert worden zu sein, und sie versuchte, meinem Blick auszuweichen. »Ich werde euch die Geschichte von Santa Claus, dem Weihnachtsmann oder Sankt Nikolaus, wie er in Deutschland heißt, erzählen.«

»Wo ist Deutschland?«, wollte Winston wissen.

»Das ist ein winzig kleines Land jenseits von Pittsburgh, in dem es keine Parkplätze gibt«, antwortete Alexis. Einige Augenbrauen gingen leicht in die Höhe.

»Papa wurde in Pittsburgh geboren«, fiel Amadeus ein.

»Liebapapa, Liebapapa, Liebapapa«, seufzte Daphne.

»Oh je, um Himmels Willen, warum gehst du nicht wieder hinaus und wanderst von einem Zimmer ins andere?«, schlug Alexis unserer ältesten Bassethündin vor.

»Papa, sag' Alexis, sie soll netter zu ihr sein«, verlangte Sadie.

»Ich werde versuchen, netter zu sein, wenn du versuchst, intelligenter zu sein«, entgegnete Alexis. »Also, wenn ich jetzt fortfahren darf: Dies ist die Geschichte von Santa Claus und dem schlimmsten Weihnachten, das er je erlebt hat.«

Nun gingen bei mir die Augenbrauen leicht in die Höhe, und ich spürte Schreckliches am Horizont heraufziehen. Die übrigen schenkten Alexis hingerissen ihre ungeteilte Aufmerksamkeit. Sogar Bamboo, der Siamese, hörte auf, den mit Teppich bezogenen Kratzbaum zu zerfetzen, und hing lässig an einer Kralle, während er sich bemühte, unergründlich-geheimnisvoll auszusehen.

»Und es begab sich zu jener Zeit im Santa-Logistikcenter am Nordpol, dass Santa Claus in sehr schlechter Stimmung war«, begann Alexis. »Nicht nur waren es bis Weihnachten nur noch wenige Tage, nein, er war mit den Weihnachtsaufträgen schwer in Verzug geraten und es bestand keine Aussicht, die Verspätungen wieder aufzuholen, denn er hatte erst an diesem Morgen entdeckt, dass die jungen Siamesenkätzchen seine Computerkabel durchgebissen und ein großes Haarknäuel ausgewürgt und in seinem Tintenstrahldrucker versenkt hatten.«

Alexis grinste süffisant zu den kleinen Siamesen Bamboo, Oskar und Luzinda hinüber. Ich schielte nervös zu meinem Computer, unterdrückte aber den Drang, aufzustehen und nachzusehen. Meine Frau schaute etwas verwirrt drein.

»Wo war denn Frau Santa Claus?«, fragte Gabriel.

»Sie war mit dem gutgebauten puertoricanischen Burschen, den sie als Swimmingpoolreiniger angestellt hatten, nach Süden auf die Inseln gegangen, um seine kranke Mutter zu besuchen«, erzählte Alexis.

Der leicht verwirrte Blick meiner Frau wurde zu einem glasigen Starren.

»Und, was die Sache noch schlimmer machte«, fuhr Alexis fort,
»Sankt Nikolaus konnte keines der Ersatzteile bekommen, die er
benötigte, um all seine Weihnachtsaufträge pünktlich abzuwickeln
– der UPS-Wagen vom Paketzustelldienst konnte nämlich nicht bis
zum Büro- und Lagergebäude des Santa Claus vordringen.«

»Von wegen dem ganzen Schnee?«, wollte Tina wissen.

»Nein! Sondern weil der ganze Komplex von Wölfen umringt
war – großen, hässlichen, sabbernden, geifernden, gemeinen, bös-
artigen Wölfen«, sagte Alexis mit besonderer Betonung, wobei sie
die bei uns wohnende Wölfin fixierte, die daraufhin ihre bernstein-
gelben Augen zu schmalen Schlitzen zusammenkniff und die Muskeln der Hinterläufe ein wenig anspannte, so als setze sie zum
Sprung an.

»Schon gut, Alexis«, intervenierte ich, »es reicht mit den
Zwischenbemerkungen und Ausschmückungen – kommen wir zum
Weihnachtsmann zurück.«

»Ähemm. Na schön. Und als wäre das nicht schon schlimm genug gewesen, kam nun dazu, dass die Santa-Rentiere flachlagen
und einfach nicht in der Lage waren, die lange Tour am Weih-
nachtsabend durchzustehen«, sagte Alexis.

»Was waa denn nich in Oadnung mit ihn'?«, fragte Winnie.

»Blähungen!«, antwortete Alexis ihren erstaunten Zuhörern.
»Bauchweh, kleine Rentierhufe, die wild zucken und in die Luft
ausschlagen, Ächzen und Stöhnen – Blähungen.«

»Meteozym! Rennie! Kohletabletten! Nux Vomica! Stellt sie auf
den Kopf und schüttelt sie, bis sie Bäuerchen machen!« Solche Vor-
schläge kamen in wirrem Durcheinander aus dem Publikum. Ich
stellte die Ordnung wieder her, so gut ich konnte, und forderte
Alexis auf, weiter zu erzählen.

»Mit jedem Tag, der verging, verdüsterte sich Santas Stimmung
noch mehr. Er war echt mies drauf und ging zum Spirituosen-
schrank, um etwas zu finden, das seine Nerven beruhigen konnte.
Er musste aber feststellen, dass die Elfen alles geleert hatten – alles
bis auf eine Zwei-Liter-Flasche Billigwein, den normalerweise bloß
ganz harte Wermutbrüder vertragen.«

»Der Papa kennt eine lustige Geschichte über so einen Fusel, ein Mädchen aus der Cheerleader-Gruppe an der High School und ein leeres Fußballstadion …«, plapperte Frazier los, bevor ich ihm die Schnauze mit der Hand zuhalten konnte. Meine Frau schoss mir ihren drohenden »Darüber-sprechen-wir-später-noch«-Blick zu.

»Hatten die Rentiere denn keine Mama?«, erkundigte sich einer der Beagle-Jungs und schaute mit hingebungsvoller Verehrung zu meiner Frau.

»Was soll das? Wer bin ich denn – ein Fliegenfänger für Dummköpfe?«, versetzte Alexis, und genau in diesem Moment begann Daphne zu husten und zu niesen. Sie kniff die Augen zusammen und fing an, heftig mit den Kiefern zu mahlen und das Maul zu verzerren.

»Du meine Güte«, rief meine Frau besorgt. »Was hast du denn, Daphne?«

»Hachduliebergott – sie kriegt einen Anfall!«, schrie Alexis. »Schnell, ich brauche ein Notfall-Set. Tempotempo! Anästhesie!! Und einen Defibrillator! Wir sind hier in der Notaufnahme! Bewegt euch, wir brauchen Platz … und fuffzich Kubik Lidocain … rasch, rasch!«

»Alexis!«, unterbrach ich sie. »Du hast offenbar zu häufig die Sendung ›Notfall-Klinik‹ gesehen … Nun sei mal still! Ich glaube, Daphne versucht, etwas zu sagen.«

Daphne rappelte sich auf, setzte sich auf ihr Hinterteil, riss die Augen weit auf, richtete die Schnauze steil nach oben und krähte: »Liebämamaaa!«

»Hey, hey, hey!«, jubelten die versammelten Anwesenden, außer Alexis. »Daphne kann ein neues Wort!«

»Schon gut, okay«, beruhigte ich die Bande. »Wir kommen hier wohl etwas vom Thema ab. Alexis, wie wäre es, wenn du weitermachtest?«

»Also, wo war ich stehengeblieben?« Alexis warf arrogant ein Ohr über ihre Schulter. »Ach ja … ähm … Santa Claus war hungrig, etwas beschwipst, genervt ohne Ende, und ausgerechnet in diesem Augenblick klopfte es an der Tür.«

»Herein!«, bellte Pongo, der taube Dalmatiner, der meine Zeichensprache missverstanden hatte.

Alexis warf ihm einen wütenden Blick zu und sprach weiter.

»Der Weihnachtsmann erhob sich aus seinem gepolsterten Lehnstuhl, schlurfte zur Tür und riss sie weit auf. Da stand an der Türschwelle in der eisigen Kälte und dem Schneegestöber ein hinreißender, zierlicher Engel mit goldenen Locken.

›Ich wünsche dir ein sehr fröhliches Weihnachtsfest, lieber Santa Nikolaus!‹, sagte der Engel und fuhr fort: ›Es ist uns wohlbekannt, dass du in der letzten Zeit allerhand Schweres durchgemacht hast. Und um dich für all deine Mühe und all das, was du geleistet hast, zu belohnen, habe ich dir diesen wunderschönen Weihnachtsbaum mitgebracht‹, und der Engel wies mit der Hand hinter sich. Santa Claus schaute über den Kopf des Engels hinweg und betrachtete mit finsteren Blicken den glitzernden Baum, der da im Schnee lag.

›Und nun, lieber Santa Claus, sag mir doch bitte, wohin mit dem Baum‹, wollte der arglose kleine Engel wissen.

›Du kannst dir …‹, knurrte der Nikolaus.

Und so«, schloss Alexis würdevoll, »nahm der Brauch seinen Anfang, dass man einen kleinen Engel oben auf die Spitze des Weihnachtsbaumes steckt.«

»Hahahahahaaaaa!« Sassy und Hercules fielen rücklings vom Sofa, als meine Frau sich verschluckte und so loshustete, dass ihr Weihnachtskeks durchs halbe Wohnzimmer flog.

»Hihihi!« Die Kätzchen tanzten in übermütiger Freude herum. Die Beagle-Jungs klopften sich gegenseitig auf die Schultern, und Bamboo konnte sich mit der einen Kralle nicht mehr am Kratzbaum halten und plumpste in die Schüssel mit dem selbstgemachten Eierlikör. Ein Pandämonium war losgebrochen.

»Das reicht jetzt!«, brüllte ich, »Alexis …!!!«

»Ich bin hier draußen«, rief sie über die Schulter zurück, und die Hundeklappe schlug hinter ihr zu.

Eines Tages werden wir uns an diese Begebenheit erinnern und höflich das Thema wechseln.

# Alle Jahre wieder
# (aus der Basset-Chronik)

Ich hatte gerade die letzten Verzierungen am Weihnachtsbaum angebracht und trat nun mit den Tieren einen Schritt zurück, um das Werk zu bewundern. Wir alle legten unwillkürlich den Kopf ein wenig nach rechts, um ein Bild von einem aufrechten Baum zu bekommen.

»Nun, Leute, was meint ihr?«, fragte ich.

»Gaaaanz wunderbaar!«, lautete ihr Urteil.

»Bist du sicher, dass Günther Jauch es für richtig hält, den Christbaumschmuck mit Textilklebeband zu befestigen?«, fragte Alexis.

»Günther Jauch hat keine Katzen und Kätzchen, die sich nicht benehmen können«, antwortete ich.

»Wir sollten trotzdem beherzigen, was er empfiehlt«, entgegnete Alexis.

»Sollten wir nicht. – Also, Alexis, warum verteibst du der Truppe nicht die Zeit mit einer Weihnachtsgeschichte, während ich uns einige Erfrischungen zubereite?«

Ich ging in die Küche, von wo ich beobachtete, wie sich eine bunte Mischung von Katzen und Hunden um Alexis und den Baum versammelte. Es war nicht unbedingt ein Anblick, den man fotografieren musste, aber doch ganz amüsant.

»Ja, bitte, Alexis«, riefen sie im Chor, »erzähl' uns von Weihnachten!«

»Nun denn«, begann Alexis, die sich über die Gelegenheit freute, andere an ihrem enzyklopädischen Wissen teilhaben zu lassen. «Weihnachten ist die Geburt von Baby Jesus. Kurz vor seiner Geburt erschien ein heller Stern am Nachthimmel und …«

»Was ist ein Stern?«, unterbrach Sassy, der Malteser-Terrorist.

»Ich bin ein Stern«, sagte Alexis, »aber bei mir heißt es ›Star‹.«

»Oooh«, machten die Tiere, nickten und stellten sich einen am Himmel erstrahlenden Basset vor.

»Wie dem auch sei, da waren Drei Schlaue Kerle, die sahen den Stern und beschlossen, ihm zu folgen, damit sie dem Baby Jesus ihre Geschenke bringen konnten ...«

»Was für Geschenke?«, erkundigte sich Danny der Dackel.

»Ähem, eine Packung Schinken, ein Stück Rinderbraten und ein paar Unfallopfer«, antwortete Alexis.

Winnie fiel beim Gedanken an Fremde, die Esswaren brachten, in Ohnmacht.

»Also«, setzte Alexis von Neuem an, »die Drei Schlauen Kerle ritten Tag und Nacht auf ihren Kamelen und ...«

»Was ist ein Kamel?«, wollte Tina, die Dalmatinerin, wissen.

»Das ist wie ein Lama mit einem Höcker«, antwortete Alexis. Sie wurde langsam etwas ärgerlich.

Natürlich hatte niemand eine Ahnung, was ein Lama ist.

»Winnie und Daphne mussten einmal wegen Beulen zum Arzt«, fiel jemandem ein.

»Es geht hier nicht um Beulen, sondern um einen Höcker«, stieß Alexis hervor.

»Ist das nicht das, was Daddy oft sagt: Man soll ihm den Buckel 'runterruschen?«, fragte Sadie, der Sheltie.

»NEIN!!«, schäumte Alexis.

»Liebapapa, Liebapapa, Liebapapa«, verkündete Daphne.

»Tja, meine Gute, gleich bringt dir jemand deine Medizin, halte noch ein bisschen durch«, meinte Alexis und tätschelte ihr den Kopf. »Wenn ich nun fortfahren dürfte ... Es war eine echt lange Reise, weil sich die Drei Schlauen Kerle verirrt hatten ...«

»Und weil sie niemanden nach dem Weg fragen wollten, wie Papa?«, forschte Blaze, der Labrador.

»Liebapapa, Liebapapa, Liebapapa«, sagte Daphne mit Nachdruck, und sie musste sich, von der Anstrengung geschwächt, sogleich hinlegen.

Alexis warf ihr einen sehr unweihnachtlichen Blick zu und atmete tief durch.

»Möglicherweise. Schließlich kamen sie in der Stadt an, wo Baby Jesus und seine Mama, die Jungfrau Maria …«

»Was ist eine Jungfrau?«, fragten die Kätzchen im Duett.

»Jungfrau heißt auf lateinisch Vergine, und das ist die Frau, die Olivenöl macht«, erklärte Alexis.

Ich warf einen Blick auf die Flasche mit dem »extra vergine«-Olivenöl, die auf dem Küchentresen stand, und stopfte mir einen Topflappen in den Mund.

»Was ist Olivenöl?«, fragten die Kätzchen weiter.

»Es verhindert, dass die Oliven quietschen«, antwortete Alexis.

»Jetzt passt auf! Die Mama des Babys und sein Vater, Joseph – äh, nun, Joseph war eigentlich nicht der richtige Vater des Babys.«

»Ahaaa!« Die Anwesenden wechselten vielsagende Blicke.

»Hat der kynologische Verband ihnen die Züchterlizenz entzogen?«, fragte Amadeus, der Schnauzer, mit messerscharfer Logik.

»Nein!«, brüllte Alexis. »Jetzt hört mal zu! Sie waren mit dem Baby in einer Scheune, und das Baby war in Windeln gewickelt.«

»Was?«, kam es von der Gruppe.

»Es handelt sich um eine Art Schutz vor Flöhen«, versetzte Alexis unwillig. »Aber es ist völlig unwichtig!!«

»Man kommt nicht gut voran, hat man Windeln dran«, fingen die Beagle-Jungs an zu singen und stupsten sich gegenseitig an.

»Hihihihi«, kicherten die Kätzchen.

»Schluss damit«, schrie Alexis. »Also, die Drei Schlauen Kerle kamen in die Stadt und gingen schnurstracks ins Einkaufszentrum, wo sie einen Weihnachtsbaum und den Schmuck dazu kauften, und …«

»Das is aba nich die Art, wie wia in Doitschland das machen«, bemerkte Winnie.

»Jawoll«, pflichtete Flash bei, »wia ham nemlich echte Keazn an unsam Tann'baum und …«

»Jaja, schon gut, ihr fahrt auch ohne Geschwindigkeitsbegrenzung herum – ein ganzes Land mit Todessehnsucht«, schnappte Alexis. »Wenn ich nun bitte weiterreden dürfte … Alle kamen dann zu der Scheune und fingen an, den Schmuck an den Baum …«

»Wie Papa!«, sagte Sergej, die Katze, und ließ den Blick über die Plastikherrlichkeit schweifen, die sich überall ausbreitete. Inzwischen stritten sich die Kätzchen, wer von ihnen mit einem einzigen Sprung den Engel von der Christbaumspitze herunterholen könnte. Danny der Dackel wollte wissen, ob er an den Baum pinkeln dürfe, und Amadeus, der heimlich einiges von dem an Fäden aufgezogenen Popcorn verspeist hatte, wunderte sich über eine Darmtätigkeit, von der unser Tierarzt noch Jahre später sprechen sollte.

»Liebapapa, Liebapapa«, seufzte Daphne im Schlaf.

»Wie auch immer«, knurrte Alexis. »Und als alles fertig geschmückt war, gab es eine Party, und Baby Jesus freute sich sehr darüber. Und dann tat der kleine Jesus etwas ganz Wunderbares, Erstaunliches …«

»Was denn?«, fragte die Gruppe in atemloser Spannung.

Alexis richtete sich zu ihrer vollen Größe auf, um zu verkünden:

»*Er sabberte.*«

»Aaaahhh!« Ein anerkennendes Raunen ging durch die Versammlung, insbesondere bei den anwesenden Bassets.

Zu diesem Zeitpunkt wurde mir klar, wie dankbar die ganze semitische Völkerschar sein musste, dass Alexis nicht der jüdischen Gemeinde angehörte.

# Alexis, zum guten Schluss (aus der Basset-Chronik)

»Du bist also tatsächlich fertig mit deinem Buch?« – »So ist es, Alexis, ich bin tatsächlich fertig«, antwortete ich.

»Na schön. Hast du vor, die Buchbesprechungen zu lesen?«, fragte ihre Zobelbraune Hoheit, während sie es sich neben mir auf dem Sofa bequem machte.

»Nein, ich werde die Besprechungen nicht lesen. Ich weiß auch gar nicht, ob es irgendwelche Besprechungen oder Rezensionen geben wird. Ich weiß nicht einmal, ob überhaupt jemand das Buch lesen wird.«

»Du kannst es mir vorlesen«, sagte Alexis und klimperte mit ihren Basset-Wimpern. »Es wäre zumindest eine gewisse Verbesserung gegenüber dem Umstand, dass man dir sonst bloß beim Reden zuhören muss.«

»Ach, Alexis«, seufzte ich, »auf eines kann ich mich jedenfalls immer verlassen: Du sorgst dafür, dass ich bescheiden bleibe.«

»Komme ich eigentlich in dem Buch vor?«, fragte sie.

»Selbstverständlich kommst du in dem Buch vor – ihr alle seid in dem Buch.«

»Auch Winston, der Undichte?«, fragte sie. »Was hat der denn da zu suchen?«

»Sei lieb, Alexis. Winston ist alt, und er kann nichts dafür. Und du weißt, er ist eine Spitz-Chihuahua-Mischung.«

»Er ist ein Blase auf vier Beinen, genau das ist er«, meinte sie mit Abscheu. »Warum schaust du denn so bedrückt drein?«

»Ich weiß nicht so recht. Ich schätze, es ist immer irgendwie ernüchternd, wenn man ein Buch abschließt. Ungefähr so, als würde man ein Kind in die Welt hinausschicken und dann nichts mehr von ihm hören. Das ist dumm, vermutlich. Schließlich habe ich es fertiggestellt, vollendet. Ich sollte glücklich sein.«

»Ich bin glücklich«, versicherte mir Alexis und kuschelte ihren Kopf in meinen Schoß. »Ich freue mich so sehr für dich. Ich könnte einfach …« – schnupper, schnüffel –»oh je, Winston!!«

Ich sah zu dem kleinen Winston hinüber, der da inmitten des Wohnzimmers hockte, alle Viere von sich gestreckt und von seiner Anstrengung noch schielend. Ich stützte das Kinn in die Hand und schüttelte langsam den Kopf. Und ich überlegte, ob James Herriot* auch all das hatte ertragen müssen, was ich erduldete.

»Können wir hier drinnen mal 'ne Küchenrolle kriegen und ein Luftverbesserungsspray, bittä schöhn?«, bellte Alexis.

---

* 1916–1995, eigentlich James Alfred Wight, der in humorvoller Weise sein Leben als Landtierarzt in Nord-England beschrieb; seine Bücher wurden auch ins Deutsche übersetzt.

# Stücke aus meinem Herzen

Unsere Wege werden sich nur für eine kleine Weile kreuzen –
doch solange du in meiner Obhut bist,
werde ich mich mit aller Hingabe
um dich kümmern.

Hast du schmerzhafte Erinnerungen
an dein früheres Leben,
will ich dir helfen, sie auszulöschen.
Du sollst nicht länger hungern,
und ich werde meinen Teil dazu beitragen,
deine Wunden zu heilen.
Wenn dein früheres Leben gut war,
verspreche ich dir eine noch bessere Zukunft.

Eines Tages wird unsere gemeinsame Zeit zu Ende gehen,
und du wirst aufbrechen zu einem neuen Heim,
gesund, glücklich und heil.
Als Abschiedsgeschenk werde ich dir
ein Stück meines Herzens mitgeben,
das dich an mich erinnert.
Vielleicht vergieße ich Tränen –
nicht wegen meines Verlustes,
sondern wegen deines Gewinns.

Vielleicht kreuzen sich unsere Wege erneut
für einen flüchtigen Augenblick,
und die Aura von Liebe, die dich umgibt,
wird mich trösten.
Es wird immer eine Verbindung zwischen uns bestehen,
auch wenn wir auf getrennten Wegen
durch dieses Leben gehen.

Haben wir dann dereinst
unsere himmlische Heimat erreicht
und unseren Lohn empfangen,
begegnen wir uns vielleicht wieder,
und du wirst versuchen,
mir das Stück meines Herzens zurückzugeben,
mit dem Dank für all das,
was ich für dich getan habe.

Dann werde ich dir sagen,
dass du es behalten sollst.
Und ich werde dir danken,
weil du mir gezeigt hast,
dass ich besser sein konnte,
als ich selbst es für möglich hielt.
Durch dich habe ich gelernt,
dass aus dem Geben
die größten Geschenke erwachsen.

Die Stücke unserer Herzen sind wie Sandkörner.
Sie werden von einer Strömung mitgerissen,
die wir nicht kontrollieren können,
bis alle Stücke zusammenkommen
und einen sicheren Hafen bilden.

Ich habe endlich – wie du – verstanden,
was es bedeutet, gerettet zu sein.

# *Anhang*

# Aktiv werden, sich engagieren

Offensichtlich lieben Sie die Tiere und unsere Welt, denn sonst wären Sie in diesem Buch gar nicht bis hierhin gekommen. Sind Sie bereit, noch mehr zu tun? Werden Sie auch noch die nachfolgenden Kapitel »Anregungen zur Hilfe für Tiere« und »Tierschutz-Organisationen im WorldWideWeb« lesen?

Und werden Sie sich daraus mindestens einen Punkt heraussuchen, an dem Sie aktiv werden wollen, ein Gebiet, auf dem Sie dafür sorgen wollen, dass sich wirklich etwas ändert? Werden Sie sich über die relevanten Themen informieren, über die Nöte und Bedürfnisse der Tiere? *Bitte, tun Sie es.*

Seit mehr als drei Jahrzehnten befasse ich mich mit zumeist geretteten Tieren und mit einigen der Themen, die damit zusammenhängen. Dabei habe ich viel gelernt, und vieles habe ich noch zu lernen. Vieles von dem, was ich noch lernen muss, werden mir die Tiere beibringen, und ihr Schnurren, Schlecken und Kuscheln ist der ganze Dank, den ich jemals brauchen werde.

Immer wenn ich gestolpert, gefallen oder mir wie ein Versager vorgekommen bin, waren es Menschen wie Sie und ihre Bemühungen, die mich wieder aufgerichtet und inspiriert haben weiterzumachen. In der dunkelsten Zeit meines Lebens, als ich einige der Menschen, die ich am meisten liebte, und einige wundervolle vierbeinige Freunde verloren hatte, waren es meine eigenen Tiere, die mir auf die natürlichste Weise Trost gespendet haben. Und die Tierfreunde unter den Menschen, die in meinem Leben ein Rolle spielten, ließen ihr eigenes Licht auf den Weg fallen, der vor mir lag, und drängten mich, voranzugehen. Die Möglichkeit, mich auf die Hilfe für Tiere zu konzentrieren, und die Tatsache, dass ich damit eine Aufgabe hatte, halfen mir, über den Tod von mir geliebter Menschen – einige Krebsfälle und ein Selbstmord – hinwegzukom-

men und die finanziellen Belastungen, die sich daraus ergaben, zu
ertragen. Für mich ist seither alles, was ich tue, das Abtragen einer
Dankesschuld.

In der Lage zu sein, etwas zurückzugeben, auf eine Veränderung
hinzuarbeiten, freiwillig, auch wenn die Arbeit mühevoll und fru-
strierend ist und die finanziellen Möglichkeiten erschöpft sind, ist
etwas äußerst Lohnendes, Befriedigendes: Zu beobachten, wie das
Tier, von dem man geglaubt hat, es würde es nicht mehr schaffen,
nun doch wieder glücklich lebt. Von dem Menschen, dem man ein
Tier vermittelt hat, das aus schrecklichen Verhältnissen gerettet
wurde, zu hören, wie es in seinem neuen Zuhause aufblüht. Zuzusehen, wie ein Tier das Leben eines Menschen zum Besseren wen-
det. Plötzlich Hilfe aus Quellen zu bekommen, von denen man es
am wenigsten erwartet hätte. Höchste Achtung vor Freiwilligen zu
empfinden, die alles für die Sache geben, an die sie glauben. Zusammenzuarbeiten mit denen, die hauptamtlich bzw. beruflich im
Tierschutz und in Ordnungsämtern tätig sind, und mit denen, die
»an der Front« arbeiten und sich täglich mit dem Tier-Holocaust
auseinandersetzen, mit denen, die so unterbezahlt sind und so wenig respektiert werden.

Nach den Trägödien vom 11. September 2001, als das bereits
überbeanspruchte amerikanische Tierschutzsystem mit seinen überfüllten Heimen von einer Masse verlassener oder herrenlos gewor-
dener Tiere überschwemmt wurde und die Spenden an Heime und
Gnadenhöfe plötzlich versiegten, nahmen viele dieser Menschen
selbst Lohnkürzungen in Kauf und bezahlten das Futter für die
ihnen anvertrauten Tiere aus der eigenen Tasche. Einige der bank-
rotten privat finanzierten Tierheime mussten schließen; die Medien
nahmen kaum Notiz davon, und eine Gesellschaft, die mehr mate-
riellen Reichtum besitzt, als sie braucht, tat nichts zu ihrer Rettung.

Ich habe immerhin einige Verbesserungen zugunsten der Tiere
festgestellt, so zum Beispiel das in letzter Zeit in den USA zuneh-
mende Interesse an Tierheimen, in denen nicht getötet wird; das
könnte aber zum »Abstellen« oder bloßen Verwahren von Tieren
führen, wenn nicht gleichzeitig die Wahrnehmung der Öffentlich-

keit verändert wird, das heißt, wenn die Leute nicht begreifen, dass ein Haustier eine lebenslange Verpflichtung bedeutet. Ich habe die in den meisten westeuropäischen Ländern existierenden, mit finanziellen Mitteln gut ausgestatteten Tierschutz- und Tierheim-Organisationen, in denen keine Tiere getötet werden, beobachtet. Und ich habe bewundert, welche Stellung die Tiere in der jeweiligen Gesellschaft haben, wie die Gesetzgebung die Tiere miteinbezieht – mitunter ist der Tierschutz sogar verfassungsmäßig verankert –, ebenso wie die Tatsache, dass, abgesehen von kleinen Nagern, keine Pelztiere in Zoohandlungen verkauft werden dürfen. Nach langen Bemühungen von Anwälten hat die US-Post endlich Briefmarken genehmigt, die einen Aufruf zur Sterilisation bzw. Kastration tragen. Einige Gerichtsprozesse wurden gewonnen und Präzedenzfälle geschaffen, welche die Auffassung untermauern, dass Tiere nicht nur als Sache und Eigentum betrachtet werden dürfen. Außerdem haben sie aufgezeigt, dass das bundesweite, staatlich finanzierte Kontrollsystem in den USA, das die Personen überwachen soll, die mit Tieren umgehen bzw. handeln, ineffizient und unterbesetzt ist und über zu wenig Mittel verfügt und dass die Methoden des Transports von Schlachttieren präziser definiert und reguliert werden müssen. Vor zwei Jahrzehnten gab es weltweit ungefähr hundert Organisationen, die sich für das Wohl der Tiere einsetzten, heute sind es etwa fünftausend.

Dreißig Jahre lang habe ich all diese Entwicklungen verfolgt und mich, wo ich konnte, daran beteiligt. Es ist für mich immer noch eine Qual zu wissen, dass genau dieselbe Gaskammer, die mich als Teenager schon so entsetzt hatte (ich arbeitete damals als Freiwilliger in einem Tierheim mit), immer noch tonnenweise Tierkadaver ausstößt – und zwar landauf, landab in der reichsten Nation der Welt. Und es schmerzt mich zu wissen, dass Tiere oftmals nicht auf »humane« Weise »euthanasiert«, sondern einfach erschossen werden, dass ihr kurzes Leben in manchen Tierheimen nichts anderes als ein Gang durch die Hölle ist, dass »Tierheime« (die sich gelegentlich auch mit anderen wohlklingenden Bezeichnungen schmücken) manchmal überhaupt nichts mit Tierschutz zu tun haben, weil sie beispielsweise die Tiere an Händler ausliefern, die sie wiederum an Forschungslabors verhökern, dass verabscheuungswürdige Leute Zeitungsannoncen durchsehen, die über gratis abzugebende Tiere informieren, diese Tiere dann einsammeln und sie an Forschungseinrichtungen verkaufen, dass andere ebenso vorgehen oder sogar Haustiere stehlen, um sie als lebendigen Köder für das Training von Hunden zu benutzen, die in illegalen Kämpfen aufeinander gehetzt werden, dass rassenspezifische Gesetze und Züchtungsverbote zum Tod unschuldiger, harmloser Tiere führen können, weil man nicht berücksichtigt, dass die Menschen und nicht die Hunde das Problem sind, dass es in vielen Gegenden keine behördlichen, kostenfreien oder billigen Kastrations- und Sterilisations- bzw. Impfprogramme gibt, dass in manchen Gemeinden die Tierschutzvorschriften sehr nachlässig angewendet werden und das Einschreiten des Ordnungs- oder Veterinäramtes nur ein sofortiges Todesurteil für das betroffene Tier bedeutet, dass an manchen Universitäten junge, gesunde Tiere vernichtet werden, wenn sie ihren Zweck bei den veterinärmedizinischen Lehrveranstaltungen erfüllt haben, dass ein Großteil der Erkenntnisse, die aus den zahllosen Tierversuchen gewonnen werden, gar nicht auf den Menschen übertragbar sind und ihm in keiner Weise nützen …

Wie ernüchternd ist es doch, nach all den Aufklärungskampagnen in den Nachrichten zu hören, dass der Umsatz der Zoohandlungen mit Welpen seit dem 11. September 2001 um hundert Prozent zugenommen hat. Zu lesen, dass der größte kommerzielle Züchter Amerikas einen wöchentlichen Ausstoß von fast tausend Welpen produziert, die er an Zoohandlungen liefert. Zu wissen, dass Pferde in diesem Land als Schlachtvieh verkauft werden, in diesem Land, das alles Pferdefleisch exportiert, weil es hier nicht gegessen wird. Zu sehen, wie trächtige Stuten leiden, weil die Kosmetikindustrie ihre Milch verwendet und weil aus ihrem Urin ein unnötiges Medikament, das Hormonpräparat Presomen, hergestellt wird. Zu sehen, wie wir selbst die Tiere einsperren und ausrotten, die wir als Symbole des »wilden und freien« Lebens betrachten. Dass eine im Voraus durchorganisierte Jagd als Sport angesehen werden kann. Oder welche Grausamkeiten wir den uns nächstverwandten Tieren antun können, den nichtmenschlichen Primaten, die, wie wir heute wissen, in einer Zeichensprache mit uns kommunizieren können und über Selbstwahrnehmung verfügen. Oder dass wir die wachsende Menge wissenschaftlicher Untersuchungen ignorieren, die belegen, dass Tiere empfindende Wesen sind.

Eine der früheren First Ladies von Amerika schrieb ein Buch über die Tiere, die mit ihrer Familie im Weißen Haus lebten, und sie spendete die Einnahmen den Veteranen, einer Menschengruppe, die zweifellos die Hilfe der Regierung verdient, die sie in den Krieg geschickt hat. Aber sie versäumte damit auch eine gute Gelegenheit, etwas für die Tiere zu tun und für deren Wohl einzutreten. Sie und viele andere haben vergessen, wie viele Hunde, Maultiere und Pferde im Kriegseinsatz waren; viele von ihnen ließen ihr Leben im Dienst für unser Land, und viele von ihnen wurden umgebracht, weil amtliche Vorschriften es nicht zuließen, dass sie von den Tierführern, die sie nach ihrem Ausscheiden aus dem aktiven Dienst liebgewonnen hatten, zur Betreuung übernommen werden durften.

In forschrittlichen Ländern wie in Amerika und den westeuropäischen Staaten sieht die Tierschutzbilanz natürlich weit besser aus als in den weniger wohlhabenden und weniger entwickelten Ländern. Als Reaktion auf meinen Essay »Wie konntest du nur?« bekam ich von einem Professor aus Russland eine Zuschrift: »Ich wünschte, wir hätten Tierheime. Bei uns verhungern die Tiere oder sie erfrieren auf den Straßen.« Ein Frau aus Griechenland schrieb mir und berichtete, dass die Behörden vergiftetes Fleisch, das mit Glassplittern durchsetzt ist, auslegen, um auf diese Weise die streunenden Hunde zu töten. Und ein Mann aus der Türkei teilte in seinem Brief mit, er sei überzeugt, dass sein Leben in Gefahr sei, weil er bei den offiziellen Stellen gegen die schlechte Behandlung herrenloser Tiere in seinem Dorf protestiert hatte.

Allerdings gibt es auch Hoffnungsschimmer. Als der Bürgermeister von Bukarest ankündigte, man werde siebenhunderttausend streunende Hunde einfangen und vernichten, reagierten Tierfreunde aus aller Welt, und etliche Tiere konnten gerettet werden.

Das reiche Amerika sollte ein Beispiel geben und im Verborgenen stattfindende Verbrechen an Tieren nicht länger ignorieren. Es ist doch widersinnig, eine Haustierfutter-Industrie zu haben, die jährlich mehr als elf Milliarden Dollar Umsatz macht (in Deutschland sind es, mit Tierzubehör etc., etwa sieben Milliarden Euro), etwa hundertzwanzig Millionen Haustiere zu halten, während gleichzeitig immer noch Millionen von abgeschobenen Tieren in Heimen sterben – um die Nachwirkungen dieses Holocausts kümmern sich größtenteils Freiwillige. Jährlich töten wir über zehn Milliarden Tiere, deren Fleisch uns als Nahrung dient, obwohl es genügend Beweise gibt, dass insbesondere Fleisch, Eier und Milch aus industrieller Tierproduktion und Massenhaltung ungesund sind. Als Regierung und als Gesellschaft insgesamt haben wir unsere Verantwortung schon viel zu lange von uns weggeschoben.

Ist die Öffentlichkeit, sind die Steuerzahler, die die Kosten eines unzulänglichen Tierschutzsystems tragen, weniger apathisch geworden? Haben die Gesetzgeber ihre Bemühungen verstärkt, diese Welt auch für Tiere zu einem besseren Ort zu machen? Betrachten Tierhalter ihre vierbeinigen oder gefiederten Hausgenossen heute als weniger leicht »entsorgbar« als früher? Unternehmen Menschen, die ihre eigenen Haustiere lieben, irgend etwas, um Tieren generell zu helfen? Fühlen sich die Personen, die Zucht betreiben und immer mehr Tiere in diese Welt setzen, heute eher verpflichtet, für das lebenslange Wohl dieser Tiere zu sorgen, als früher? Können wir angesichts der zunehmenden Zahl von Anzeigen wegen Vernachlässigung und Tierquälerei in unserer Gesellschaft und angesichts der Millionen ungewollter Tiere, die jährlich ausgelöscht werden, immer noch auf Verbesserungen hoffen?

Ergibt es einen Sinn, wenn in unseren Kirchen, Tempeln und Synagogen eifrig Gottes Schöpfung gepriesen und Mitempfinden gegenüber Familie und Gemeinschaft gelehrt wird, aber vielfach in den Predigten und in den Mitteilungsblättern *jene Familien- und Gemeindemitglieder, die niemals für sich selbst sprechen können und oft furchtbar leiden,* nicht mit einem einzigen Wort erwähnt werden? Wie viele »aufrechte Gläubige« haben unkastrierte oder unsterilisierte Tiere zu Hause, die häufig Junge bekommen (was geschieht mit ihnen?), oder ignorieren in aller Seelenruhe einen streunenden Hund, oder schieben sich Braten und Schnitzel in den Mund, ohne einen Gedanken daran zu verschwenden, unter welchen Umständen das Fleisch produziert wurde, das sie soeben verzehrt haben, oder nehmen die Dienste von Firmen in Anspruch, die ihr Anwesen »zum Schutz« mit chemischem Gift besprühen? Wie umweltfreundlich wird Ihr nächstes Gemeindefest sein?

Ganz unabhängig davon, welcher Religion Sie angehören: Können Sie Ihrem Schöpfer versichern, dass Sie alles getan haben, was in Ihrer Macht steht, um die Schöpfung und die Geschöpfe, mit denen wir gesegnet wurden, zu schützen?

Wir zeigen oft auf eine desinteressierte, gefühllose Öffentlichkeit und machen sie zum Hauptverantwortlichen für die Tier- und Umweltschutzprobleme. Aber wir selbst sind die Öffentlichkeit! Wir wählen die Gesetzgeber. Wir verabschieden die Gesetze. Wir schaffen die öffentliche Meinung.

Und wir alle sind von Gelegenheiten umgeben, tatsächlich etwas zu verändern: Wir können unseren eigenen Umgang mit Tieren revidieren, andere aufklären, eine gütigere, sanftere nächste Generation heranziehen, Hilfe leisten, ein paar Euro spenden, Anteil nehmen, ein Heftchen mit Briefmarken schenken, Leserbriefe schreiben. Wenn Sie sich bereits an solchen Bestrebungen beteiligen, dann sind Sie genauso wenig wie ich überrascht, dass es uns nicht gelungen ist, einen radikalen Wandel in der Öffentlichkeit herbeizuführen – wo wir doch nicht einmal die Menschen, die uns am nächsten stehen, dazu bewegen können, den Problemen etwas Aufmerksamkeit zu schenken, sie nicht noch schlimmer zu machen und statt dessen etwas Sinnvolles zu deren Lösung beizutragen.

Während ich dies schreibe, lebe ich wieder in der Nähe des Ortes, an dem ich in meiner Kindheit zu Hause war, in einer Gegend, die einst aus Ackerland und Obstgärten bestand. Heute trifft man hier auf ein um sich greifendes Gewucher von Einkaufszentren und Beton. Noch nie habe ich eine solche Entwicklung in so kurzer Zeit beobachtet, solche sinn- und vernunftlose Bautätigkeit, die nur die immer gleichen Läden und Geschäfte dupliziert. Wenn ich an dieser Monstrosität des amoklaufenden Kommerzes vorbeifahre, kämpfe ich gegen den Drang, zum Straßenprediger zu werden, und ich weiß, welchen Zorn Jesus empfunden haben muss, als er die Tische der Geldverleiher im Tempel umstürzte. Ich möchte schreien: »Halt! Hört auf mit dem Bauen! Lasst etwas für die Vögel übrig, für die Kaninchen, für die Rehe! Hört mit der Kauferei auf! Gebt etwas her für eine Sache, die wichtig ist. Geht heim zu euren Partnern und umarmt sie, küsst eure Kinder, geht an die frische Luft und spielt mit eurem Hund. Aber bitte, hört auf damit ...«

Wir müssen unsere Augen für das öffnen, was wir tun, wie wir es tun und was wir der Welt um uns herum damit antun, und natürlich für das, was unser Schöpfer von uns erwartet.

Oprah Winfrey, Moderatorin einer TV-Unterhaltungssendung in den USA, hatte einen weiblichen Show-Gast, dessen Bericht einen unauslöschlichen Eindruck bei ihr hinterließ, und auch bei mir: Bei Oprah zu Gast war die Mutter eines todkranken Jungen. Als er im Sterben lag, kroch seine Mutter zu ihm ins Bett und schloss ihn in ihre Arme, während er seinen letzten Atemzug tat. In dem Augenblick, bevor er hinüberging, schaute er seiner Mutter in die Augen und sagte: »Mama, es ist so einfach!«

Ich glaube, dass es wirklich einfach ist. Ich glaube, dass die Liebe entscheidet. Ich glaube, dass wir die Verpflichtung haben, glücklich zu sein. Ich glaube, dass wir tief im Herzen wissen, was richtig und was falsch ist.

Ich glaube, wir wissen, dass wir nicht an einem herumirrenden Hund vorbeifahren sollten, ohne anzuhalten und zu helfen. Wir wissen, dass wir das Ausmaß der Probleme niemals ganz verstehen können, wenn wir niemals das in unserer Nähe arbeitende Tierheim aufgesucht haben. Dass wir denen unseren Dank aussprechen sollten, die die schwere Arbeit verrichten. Dass wir nicht ignorieren sollten, wie unser Nachbar mit Tieren umgeht. Dass wir verantwortungsbewusste Behörden brauchen, die man zu Hilfe rufen kann. Dass es falsch ist, wild oder auf Bauernhöfen lebenden Katzen unkontrollierte Vermehrung zu erlauben oder zu gestatten, dass

unser Hund Junge bekommt, damit unsere Kinder aus erster Hand
»das Wunder des Lebens« beobachten können. Ich glaube, wir wissen, dass Haustiere für alte Leute und für wohlerzogene Kinder gut
und harmonisierend sind und dass Menschen mit Haustieren keine
Schwierigkeiten haben sollten, eine Wohnung zu mieten. Ich
glaube, wir wissen, dass die industrielle Fleischproduktion falsch ist.
Und ich glaube, dass es nur wenige Fleischesser auf der Welt gibt,
denen sich beim Anblick der grausamen Tiertransporte und der
Gräuel der Schlachthäuser nicht der Magen umdrehen würde.

Ich glaube, wir wissen, dass wir das Leid nicht vermehren sollten.
Dass wir unsere Nahrungsmittel nicht vergiften sollten. Dass Ab-
fälle aus der Tierkörperverwertung nicht in kommerziell hergestell-
tes Tierfutter gehören. Dass wilde Tiere in der Wildnis leben sollten
und dass wir ihre Lebensräume schützen müssen. Dass es keinen
triftigen Grund gibt, unsere Gefährten aus dem Tierreich zu verraten und zu betrügen. Dass es furchtbar falsch ist, Tiere wegen
ihres Pelzes zu züchten oder ihnen Fallen zu stellen. Dass das Jagen
von Tieren, wenn es nicht dem eignen Lebenserhalt dient, sinnlos
ist und dass die meisten Argumente, die zur Verteidigung dieser
Praktiken angeführt werden, fadenscheinig sind. Ich glaube, wir
wissen, dass es falsch ist zu töten.

Ich glaube, wir wissen, dass es falsch ist, Tiere aus Gründen der
Eitelkeit, zum Zeitvertreib oder wegen wirtschaftlicher Gewinne
auszubeuten. Dass es falsch ist, sie als Kreaturen zu betrachten, die
dazu bestimmt sind, uns untertan zu sein und sich unserem Willen
zu beugen. Dass es falsch ist, die Menschen zu hassen, weil sie Tieren Leid antun. Dass unsere größte Hoffnung darin besteht, zum
Wohl der Tiere den Weg zu einer weltweiten Zusammenarbeit zu
finden. Das erfordert jedoch Vernunft, Sachlichkeit, Bildung und
Benehmen – anderen ein Tofu-Schnitzel ins Gesicht zu werfen
führt nicht weiter.

Ich glaube, wir wissen, dass wir die vollkommene Welt, die der
Schöpfer uns anvertraut hat, nicht verseuchen sollten und dass wir
nicht sorglos darin herumpfuschen dürfen. Und wir wissen, dass
die Tiere, die niemals eine Stimme hatten und niemals in der Lage

sein werden, für sich selbst zu sprechen und für ihre Rechte einzutreten, auf uns zählen, sich darauf verlassen, dass wir die Dinge für sie zum Guten wenden.

Uns allen, die wir zu Gunsten der Tiere arbeiten, werden manchmal Fragen gestellt wie:»Magst du denn die Menschen nicht?« Oder:»Warum tust du nichts, um Menschen zu helfen?« Wer so etwas fragt, versteht nicht, dass die Hilfe für Tiere dazu beiträgt, auch an die Wurzeln menschlicher Probleme zu rühren, und er begreift auch die Tatsache nicht, dass Menschen und Tiere einander sehr, sehr viel bedeuten können.

Ich möchte darauf hinweisen, dass eine enorme Kluft besteht zwischen der Zahl der öffentlich und privat finanzierten Hilfsprogramme für menschliche Opfer und dem, was für das Wohl der Tiere zur Verfügung gestellt wird. Außerdem ist es häufig so, dass überlebende menschliche Opfer sich erheben und wesentlich zur Behebung eben der Missstände beitragen, denen sie zum Opfer fielen; im Namen ihrer Leidensgenossen wissen sie deutliche Worte zu sprechen. Doch die Tiere bleiben stumm an ihren Ketten und in ihren Gefängnissen, müssen unbeachtet weiter leiden.

Ich hatte einen japanischen Freund, einen Gärtner, der auf tragische Weise ums Leben kam. Eines Tages, ein Jahr vor seinem Tod, besuchte er mich, und wir machten einen Spaziergang in der Gegend, in der ich wohnte. Wir gingen in den Wald. Er zeigte mir jede Pflanze und erklärte mir ihre medizinischen Eigenschaften oder wies darauf hin, dass daraus ein guter Tee zu brauen wäre oder dass man sie wie Gemüse dünsten könne oder dass ihre Wurzeln essbar seien. Wie wunderbar ist es doch, so etwas zu wissen – seither habe ich nie mehr ein»Unkraut« auf die gleiche Weise betrachtet wie zuvor. Er sagte mir auch, wenn man ein glückliches und erfolgreiches Leben führen wolle, müsse man jeden Tag etwas für einen anderen Menschen und auch etwas für sich selbst tun, eine gute Mahlzeit zubereiten, das Geschirr abwaschen usw. Ich habe mich nicht gerade mit religiösem Eifer an diese Lebensphilosophie gehalten, soweit sie das Geschirrspülen betrifft, aber ich habe versucht, alles andere in die Praxis umzusetzen.

Vielen von uns war mein Freund auch als unermüdlicher Briefeschreiber bekannt. Anlässlich der Gedenkfeier für ihn teilten die in erstaunlicher Zahl anwesenden älteren Menschen mit, dass er ihnen allen (und weiteren Personen) häufig geschrieben hatte.

Vor einigen Jahren hatte ich meine Lieblingslehrerin besucht. Ich hatte sie immer für meine beste Lehrerin gehalten: die Frau, die mir am meisten über Kunst beigebracht hatte und die selbst eine talentierte Künstlerin gewesen war. Zu jenem Zeitpunkt war sie fast erblindet und konnte nur noch Licht und Schatten unterscheiden, aber sie sprach in so lebhafter Weise und mit so anschaulichen Ausdrücken, dass ich vor meinem inneren Auge alles »sehen« konnte, was sie beschrieb, und ich konnte immer noch ihre Leidenschaft für alles Schöne spüren – als Blinde hatte sie ein tieferes Verständnis für Schönheit als so mancher Sehende.

Ich kannte viele körperbehinderte Menschen (zu denen auch meine Eltern gehörten), die schon allein damit, dass sie aus dem Bett kletterten, ihre Beinschienen anlegten oder sich in einen Rollstuhl hievten und zur Arbeit »gingen«, mehr leisteten als die meisten von uns im Lauf eines ganzen Tages. Ich erinnere mich, dass in meiner Familie Legenden über meinen Vater kursierten, der seine Beine nicht gebrauchen konnte (er war an Kinderlähmung erkrankt), aber Flüsse durchschwamm, Flugzeuge flog und sogar auf Kavalleriepferde sprang, die er trainieren sollte – bis er einmal stürzte und sich das Becken brach.

Ich erinnere mich auch sehr lebhaft an meine Mutter, ebenfalls ein Opfer der Kinderlähmung. Sie hatte sich im Lauf ihres Lebens mehr als dreißig Operationen unterziehen müssen, besaß aber einen so unverwüstlichen Humor, dass Krankenschwestern und Mitpatienten es sehr bedauerten, wenn sie wieder nach Hause entlassen wurde, und mit vielen von ihnen verband sie eine lebenslange Freundschaft. Als meine Mutter auf dem Sterbebett lag, suchte ich nach Möglichkeiten, ihr Mut zu machen, sie aufzumuntern. Ich schenkte ihr einen Kanarienvogel, den sie Caruso nannte, und ich stellte seinen Käfig auf ihren Nachttisch. In dem Augenblick, in dem sie von uns ging, sang er.

Ich erinnere mich an meinen italienischen Großvater, der noch im Alter von fast einhundert Jahren in seinem Garten arbeitete. Ich erinnere mich an meinen Schwiegervater, einen weitgereisten Abenteurer und talentierten Schriftsteller. Als das Alter und diverse Krankheiten ihn seiner Vitalität beraubt hatten, zeichnete er seine Lebens- und die Familiengeschichte ausführlich in mehreren Bänden auf, für seine Tochter. Ich erinnere mich an meine Schwiegermutter, die es mit den Festtagsgerichten, die sie servierte, jedesmal schaffte, dass ich mich wie ein König fühlte. Wir überraschten die Eltern meiner Frau mit einem geretteten Pudel, der ihnen in ihren letzten Lebensjahren mehr Liebe und Trost schenkte, als die meisten Menschen ihnen hätten geben können. Und ich kenne meine Frau, ihre ehrliche und verlässliche Liebe, die mich unterstützt und mir Kraft gibt.

Ich kenne auch eine Dame in Deutschland, die ihren Verlobten im Zweiten Weltkrieg verloren hatte. Sie heiratete nie, und als die Eltern ihres verstorbenen Verlobten alt geworden waren, kümmerte sie sich um sie, als wären es ihre eigenen. Vor einigen Jahren rettete sie einen jungen Star und zog ihn auf; sie konsultierte deswegen zwar einige Fachleute, aber auf dem Kopf des Vogels wuchsen einfach keine Federn. Er sieht wie ein kleiner Geier aus, aber er lebt glücklich mit Katzen und Hunden zusammen, herrscht über den ganzen Haushalt und hat dabei den unerschütterlichen Glauben, er sei der schönste Vogel der Welt.

Ich kannte und liebte eine weitere, schon etwas ältere Frau in Deutschland, eine frühere Nachbarin, die mich wie einen Sohn behandelte und die ich »meine deutsche Mutter« nannte. Sie verstand es, spannend zu erzählen, und fesselte stundenlang meine Aufmerksamkeit mit Geschichten aus ihrer Kindheit. Unter dem Hitlerregime hatte sie ihr Leben riskiert, indem sie unter ihrem Mantel verstecktes Brot zu Juden schmuggelte. Ich schenkte ihr ein Kätzchen, das bei ihr heranwuchs und, als sie nach einem Schlaganfall ans Bett gefesselt war, nie von ihrer Seite wich. Als ich nach dem Begräbnis meiner eigenen Mutter wieder nach Deutschland zurückgekehrt war, erfuhr ich von meiner Frau, dass jene Dame am selben

Tag wie meine Mutter gestorben war. Es passte sehr gut, dass sich zwei solche Engel schließlich begegneten.

Ich kenne Freiwillige, die Tiere retten und jährlich Tausende von Kilometern fahren, um sie zu ihrem neuen Menschen, in ihr neues Zuhause zu bringen, die weit mehr von ihren eigenen Mitteln für das Wohlergehen der Tiere ausgeben, als klug zu sein scheint, die nächtelang wach sitzen, um ein krankes Tier gesund zu pflegen, und Tränen vergießen, wenn es trotzdem gehen muss – Tränen, die jene Menschen weinen sollten, die dafür verantwortlich sind, dass das Tier in diese Situation kam, oder die ihm weh getan haben.

Ich kenne Menschen, die gelernt haben, Kräfte und Fähigkeiten von Tieren einzusetzen, um das Leben autistischer oder verhaltensauffälliger Kinder zum Besseren zu wenden oder den Lebensabend betagter Personen etwas zu erhellen.

Ich habe Tiere gekannt, die unter entsetzlichster Quälerei zu leiden hatten, aber geheilt wurden und auf Liebe reagierten, die wieder lernten, einem Menschen zu vertrauen. Ich kenne meine eigenen Tiere und weiß, wie sehr wir einander brauchen und wie viel wir einander bedeuten.

Es war für mich ein großes Privileg und zugleich eine Erfahrung, die mich Bescheidenheit gelehrt hat, Personen begegnet zu sein, die schenken und geben. Zu ihnen gehören viele, die jetzt diese Worte lesen. Mein Leben war erfüllt von liebevollen Menschen, von liebevollen Tieren und von wunderbaren Beziehungen zwischen Mensch und Tier. Sie werden Ihre eigenen Helden haben, unter den Menschen und unter den Tieren.

Die Ereignisse des 11. September 2001 haben uns an bewegenden Beispielen vor Augen geführt, was stiller Mut zu leisten imstande ist. Ein jeder von uns muss tun, was er kann, damit wir uns eines Tages, wenn wir vor unserem Schöpfer stehen, nicht zu schämen brauchen und die Gewissheit haben, dass wir so wenig Leid wie nur möglich verursacht und nach bestem Wissen und Gewissen gehandelt haben. Es ist wichtig, dass wir unser Leben *jetzt* vereinfachen – damit wir später weniger überrascht sind, wenn wir erfahren, *wie* einfach es hätte sein sollen und können.

Ich möchte nicht den Eindruck erwecken, dass das Leben leichter wird, wenn wir uns engagieren und etwas unternehmen. Das wird es nämlich nicht. Aber wir werden bestimmt mehr Freude und Befriedigung, mehr Erfüllung empfinden. Dieses Leben und diese Welt sind das, was wir bekommen haben. Seien Sie achtsam! Machen Sie klugen Gebrauch von diesen Gaben. Das ist keine Probe für ein Theaterstück. Die Aufgaben, vor denen wir stehen, würden uns erdrückend und unlösbar erscheinen, wären wir nicht die, die wir sind, und gäbe es nicht so viele von uns.

Jenen unter Ihnen, die an der Verbesserung der Verhältnisse arbeiten und bereit sind, sich zu engagieren, möchte ich sagen:

Sie sind eine enorme Hilfe und ein Quell der Inspiration für mich und auch für andere, und es ist mir eine Freude, diese wunderbare Welt zusammen mit Ihnen zu bewohnen. Ich danke Ihnen, dass Sie mir gestattet haben, von dem zu erzählen, was »die leise Stimme der Seele« mir eingibt.

Wir, die wir unsere Liebe zu anderen Lebewesen ebenso tief empfinden wie die Liebe, die von ihnen ausgeht, sind bereits gesegnet. Mögen daher auch unsere Bemühungen um unsere Mitgeschöpfe und ihr Wohlergehen gesegnet sein.

# *Anregungen zur Tierhilfe*

Es gibt keine Tierschutz- oder Tierrechtsorganisation, kein Tierheim und keinen Gnadenhof, die keine Unterstützung und Hilfe nötig hätten. Leider ist auch bei Tierschützern und Tierfreunden des öfteren die Auffassung anzutreffen, dass man über ein beträchtliches Einkommen verfügen müsse, damit man helfen und spenden könne. Oder dass erst die richtigen Umstände gegeben sein müssten, um ein Tier aufnehmen zu können oder einen nennenswerten Beitrag zu leisten. Das stimmt überhaupt nicht! Sprechen Sie einfach mit den Menschen, die in Einrichtungen in Ihrer Nähe tätig sind, über deren Bedürfnisse. Und setzen Sie einige der folgenden Anregungen in die Tat um – und schon bald wirken auch Sie daran mit, etwas zu verändern.

**Schliessen Sie sich an – nehmen Sie Kontakt auf!** Es besteht die Möglichkeit, dass Sie falsche Vorstellungen von den Menschen haben, die in einschlägigen Einrichtungen oder Vereinen aktiv sind – etwa in der Art: »Lauter alte Jungfern, die mit unzähligen Katzen zusammen hausen.« Oder: »Tierschützer verkleiden sich mit Tierkostümen, und manche ketten sich an Zäune, die Atomreaktoren umgeben.« Sie werden vermutlich angenehm überrascht sein, wenn Sie zu einem Vereinstreffen etc. gehen, die Leute von Angesicht zu Angesicht kennenlernen und sich mit ihnen unterhalten können.

**Informieren Sie sich über Ressourcen.** Wissen Sie, wo das nächstgelegene Tierheim ist? Was tun Sie, wenn Sie ein verletztes Tier am Straßenrand finden? An welches Amt bzw. welche Behörde wenden Sie sich, wenn Sie tierquälerisches Verhalten oder Missbrauch von Tieren melden wollen? Welche Tierärzte sind auch nachts für Notfälle erreichbar? Wahrscheinlich gibt es auch in Ihrer Gegend Tierheime, Aufnahmestationen für Wildtiere, Vogelwarten und andere, weniger bekannte Tierschutzgruppen (für Igel, Frösche, Fledermäuse usw.). Sprechen Sie vor Ort mit Tierärzten und zuständigen Ämtern (staatlichen und kommunalen Stellen), mit Züchterverbänden, Tierheimen und Tierrettungsinitiativen. Stellen Sie dann zum Beispiel eine Liste zusammen – und lassen Sie andere an Ihrem Wissensschatz teilhaben. Bitten Sie auch die Lokalzeitung darum, diese Liste zu veröffentlichen. Aktualisieren Sie diese Liste von Zeit zu Zeit.

**Kopieren Sie!** Haben Sie Zugang zu einem Fotokopierer oder zu nicht verwendetem Kopierpapier, Toner oder anderen Verbrauchsmaterialien? Jede Organisation und jeder Verein hat Infoblätter, Literatur und Listen, die vervielfältigt werden müssen. Wenn Sie über Computerkenntnisse (Textverarbeitung, Layout, Adressenverwaltung usw.) verfügen, können Sie bei der Zusammenstellung von Rundbriefen, Listen zu vermittelnder Tiere und anderen nützlichen Informationen helfen.

**Gehen Sie an die Öffentlichkeit!** Haben Sie schriftstellerische Fähigkeiten? Dann können Sie beim Verfassen von Artikeln für Rundbriefe und Vereinszeitungen sowie von Pressemitteilungen für örtliche Zeitungen behilflich sein. Wenn Sie ein Ladengeschäft besitzen, einer Kirchengemeinde oder einem Verein angehören oder sonstwie Zugang zum schwarzen Brett einer vielbeachteten Örtlichkeit (wie Gemeindezentrum, Rathaus, Supermarkt) haben, können Sie die Erlaubnis einholen, Flug- oder Infoblätter von Tierschutzgruppen aufzuhängen, insbesondere Fotos und Beschreibungen von Tieren, die vermittelt werden sollen. Wenn Sie über mehr Zeit verfügen, können Sie sogar eine Route zusammenstellen, die von einem Schwarzen Brett zum anderen führt, und die Informationen dort jeweils auf dem neuesten Stand halten. Ansonsten besteht vielleicht auch die Möglichkeit, in Wartezimmern und Empfangsbereichen (Hotel, Bank, Post, Arztpraxis usw.) Infomaterial über vermittelbare Tiere in Ringbüchern auszulegen.

**Fotografieren Sie!** Auch wenn Sie kein begnadeter Fotograf sind, könnte Ihre Hilfe gefragt sein. Viele Tierheime haben niemanden, der regelmäßig die zur Vermittlung anstehenden Tiere fotografiert. Wenn Ihre Lokalzeitung nicht mindestens einmal pro Woche die Fotos von zu vermittelnden Tieren veröffentlicht, könnten Sie dies anregen und Ihre Mitarbeit anbieten. Denken Sie daran: Ein Bild sagt mehr als tausend Worte – und wenn Sie ein wenig auf die richtige Beleuchtung achten, auf einen ruhigen Hintergrund oder bei natürlichem Licht im Freien fotografieren, werden Sie die Tiere von ihrer vorteilhaftesten Seite zeigen.

**Reden Sie in der Öffentlichkeit!** Besitzen Sie das Talent, vor Publikum zu sprechen? Reden Sie mit den Gruppen und Vereinen in Ihrer Nähe über die Inhalte und Themen, die sie gern an die Öffentlichkeit bringen möchten, und bieten Sie an, darüber bei Veranstaltungen, Treffen oder vor Schulklassen zu sprechen.

**Anzeigen sorgen für Aufmerksamkeit!** Haben Sie Zugang zu einem wöchentlich erscheinenden Anzeigenblatt, einer Internet-Plattform oder einem Veranstaltungskalender, wo Sie Gratis-Inserate unterbringen können? Schalten Sie Anzeigen mit allgemeinen Informationen über das Kastrieren/Sterilisieren oder mit Warnungen vor Geschäftemachern, die sich »gratis abzugebende« Tiere holen, um sie anschließend zu verkaufen, oder mit Hinweisen auf tierschutzrelevante Veranstaltungen.

**Sammeln Sie!** Sprechen Sie mit den Gruppen und Vereinen in Ihrer Nähe über deren »Wunschzettel« – Gegenstände oder Hilfen, die nötig sind, um effizient arbeiten zu können, oder Artikel, die sich bei Online-Auktionen oder auf Flohmärkten verkaufen lassen. Sprechen Sie mit Wohltätigkeitsorganisationen, Trödlern und Privatleuten über mögliche Sachspenden zugunsten der Tiere.

**Handwerkliches Geschick zählt!** Können sie nähen oder stricken? Tierheime brauchen Betten und Körbchen für ihre Schützlinge;

eventuell wäre es auch an der Zeit für neue Vorhänge in den
Büroräumen. Können Sie schreinern? Vielleicht werden Kletter-
oder Kratzbäume, Wurfboxen oder Hundehütten gebraucht. Sind
Sie künstlerisch begabt? Wandmalereien fürs Wartezimmer sind gefragt. Können Sie mit Farbe umgehen? Ein neuer heller Anstrich
macht die Räume des Tierheims freundlicher. Absolut kein handwerkliches Geschick? Sie können Styroporkästen mit abnehmbaren
Deckel kaufen (man verwendet sie zur frostgeschützten Aufbewah-
rung von Obst und bekommt sie in Gartencentern oder Baumärk-
ten) und auf der Schmalseite etwa 10 cm oberhalb der Unterkante
ein Loch ausschneiden, durch das eine Katze schlüpfen kann. Diese
»Schlafhöhlen« kann man mit Handtüchern usw. auspolstern. Sie
lassen sich übereinander stapeln und sind leicht zu reinigen. Die
Tierheimkatzen werden jedenfalls ihre Freude daran haben.

**Pflegeplätze gesucht!** Haben Sie in Ihrem Heim und in Ihrem Herzen Platz für die vorübergehende Aufnahme eines Tieres? Die meisten Tierheime und praktisch alle Einrichtungen, die sich um die
Rettung von Tieren bemühen, brauchen temporäre Unterkünfte für
Tiere. In den meisten Fällen stellen sie die tierärztliche Versorgung
sicher, und Sie haben nur die Kosten für das Futter zu tragen. Die
meisten Tiere müssen nur kurzzeitig in Pflege gegeben werden,
manchmal nur ein paar Tage, mitunter ein paar Monate. Auch
wenn Sie selbst kein Tier aufnehmen können oder wollen, können
Sie einem Verein als Koordinator für Pflegestellen behilflich sein,
indem Sie neue »Pflegeeltern« ausfindig machen und ihnen die
nötigen Anleitungen geben.

**Ständig auf Achse!** Haben Sie ein Auto und sind Sie gerne unterwegs? Freiwillige Fahrer werden immer gebraucht, um Tiere zur Behandlung zum Tierarzt zu fahren, Besorgungen zu machen, Futter
zu transportieren und vermittelte Tiere zu ihren mitunter in einiger
Entfernung wohnenden neuen Besitzern zu bringen (oder eine Teil-
strecke zu übernehmen). Im Internet findet man Anlaufstellen, bei
denen man sich melden kann.

**Hund ausführen, Katze baden (aua)!** Vielerorts werden Leute gesucht, die regelmäßig mit Hunden Gassi gehen können. Man muss auch kein professioneller Tierpfleger sein, um mitzuhelfen, wenn es darum geht, Tiere zu baden und zu striegeln, damit sie zum einen sauber sind und zum anderen gefällig aussehen, wenn Interessenten ins Tierheim kommen. In manchen Tierheimen werden Helfer fürs Wäschewaschen, Saubermachen, Misten oder für den Telefondienst und andere Bürotätigkeiten gebraucht.

**Retten Sie einen Retter!** Personen, die sich mit der Rettung von Tieren befassen, sind in der Regel sehr beschäftigt. Meist haben sie eigene Tiere, Kinder und/oder eine/n Partner/in, die schon lange darauf warten, wieder einmal etwas »rein Privates« oder Gemeinsames zu unternehmen. Seien Sie ein Engel – laden Sie einen Tierretter zum Essen ein, oder helfen Sie ihm, sein Auto von Tierhaaren und Sabberrückständen zu befreien, oder passen Sie auf seine Kinder oder Tiere auf, damit er einmal einen Abend für sich hat, oder gehen Sie für ihn einkaufen. Wie schnell können Sie bei ihm sein?

**Seien Sie ein Wachhund!** Schicken Sie Berichte und Meldungen der lokalen Presse über Tierquälerei und die Vernachlässigung von Tieren an Tierschutz- bzw. Tierrechtsorganisationen; diese Institutionen haben Erfahrung mit der Prozessführung, zum Teil sogar eigene Anwälte, und können dazu beitragen, dass Übeltäter wirklich betraft werden. Durchforsten Sie Ihre lokale Zeitung oder einschlägige Tierzeitschriften nach den Anzeigen von Personen, die häufig Welpen und Kätzchen zum Verkauf anbieten. Fragen Sie bei der Inseratenannahmestelle oder bei der Steuerbehörde nach, ob diese Verkäufer ein Gewerbe angemeldet haben, sich an veterinäramtliche Vorschriften halten, ihre Verkäufe angeben und entsprechende Steuern zahlen. Hier hat man es mit einem weiten Feld unsauberer und missbräuchlicher Geschäftspraktiken zu tun, mit einer Grauzone, die von den Medien (insbesondere von den Zeitungen, die an den Inseraten verdienen) fast vollständig ignoriert wird. Wer hat den Mumm, hier Licht ins Dunkel zu bringen und gründlich

zu recherchieren? Halten Sie auch in Zoohandlungen die Augen
offen und schauen Sie sich kritisch um, ob Ihnen etwas Verdächti-
ges oder Unkorrektes auffällt, das Sie an Tierschutzorganisationen
weitermelden sollten.

**Verbreiten Sie die Wahrheit!** Niemand sollte je einen Welpen oder
ein Kätzchen (oder überhaupt irgendein Tier) in einer Zoohandlung kaufen – niemals. Kein seriös arbeitender Züchter, dem etwas
an seinen Tieren liegt, wird sie jemals an eine Zoohandlung liefern.
Die dort angebotenen Tiere, auch die kleinen Nager, sind manchmal wegen medizinischer, genetischer oder verhaltensmäßiger Probleme wie tickende Zeitbomben – und meist zu teuer.

**Einschläferung und Quälerei!** Es ist eine traurige Realität, dass es
nicht genug gute Plätze gibt, um all die ungewollten oder lästig gewordenen Tiere unterzubringen. Ältere, kranke oder verhaltensauf-
fällig gewordene Tiere kommen in Heimen oft nicht zurecht, werden von einem ins nächste abgeschoben oder von einem Besitzer
zum nächsten weitergereicht – und schließlich irgendwann einge-
schläfert. Die einzige akzeptable Methode des Einschläferns ist
diese: Zuerst wird ein Beruhigungsmittel gespritzt, und dann folgt
die tödliche intravenöse Injektion. Statt diejenigen zu kritisieren,
die eine solch undankbare Aufgabe erledigen müssen, sollten wir
ihnen für ihre Barmherzigkeit danken – bis vielleicht irgendwann
einmal kein vermittelbares Tier mehr sterben muss. Doch kein Laie
oder Privatmann darf ein Tier vom Leben zum Tod befördern: Es
muss ein Tierarzt sein. Niemand, der ein Tier in einem Heim ab-
gibt, sollte eine Erklärung unterschreiben, dass er damit einverstanden ist, wenn das Tier an Einrichtungen weitergegeben wird, wo es
zu Forschungszwecken herangezogen werden kann.

Es gibt Länder, in denen die Leichen von Heimtieren »weiterver-
wertet« werden – und das bedeutet, dass Teile des »Knochenmehls«
und der »Abfallprodukte der Fleischerzeugung«, die zur kommer-
ziellen Herstellung von Heimtiernahrung verwendet werden, tatsächlich von Hunden und Katzen stammen!

**Sagen Sie einfach »Nein«!** Zum Beispiel zu Zirkusvorstellungen, bei denen Tiere auftreten müssen, zu Schimpansen in »lustigen« Kostümen, zu Wanderzoos, zur Jagd, zur Fallenstellerei, zur Beizjagd, zum Pelzhandel, zum Schmuggel exotischer Tierarten, zur Sektion zu Unterrichtszwecken, zum Krallenziehen bei Katzen, zum Kupieren von Ohren und Schwänzen – zu allem, was eine Missachtung der Natur und des Wesens von Tieren darstellt, was Einschränkung oder Gefangenschaft bedeutet, was für das Tier Angst, Schmerz, Verstümmelung oder Verletzung der körperlichen Unversehrtheit bedeutet oder gar zu seinem Tod führt. Entschuldigungen oder Ausflüchte werden nicht akzeptiert – es sei denn, der Betreffende wäre damit einverstanden, sich die eigenen Ohren kupieren und jene Teile seiner Anatomie abschneiden zu lassen, die einem Schwanz ähneln, oder das erste Glied eines jeden Fingers; nur dann könnte man sich die Argumente anhören, die er zur Rechtfertigung des menschlichen Verhaltens heranzieht.

**Unterstützen Sie keine Tierquälerei!** Kaufen Sie keine Produkte, die an Tieren getestet werden. Unterstützen Sie keine Firmen, die Tierversuche durchführen. Unterstützen Sie nicht die Wirtschaft von Ländern, in denen das Misshandeln von Tieren an der Tagesordnung ist. Verwenden Sie keine Produkte (oder Kreditkarten) von Firmen, die Werbung mit Tieren machen oder Unterhaltungs- und Wettbewerbsveranstaltungen finanzieren, bei denen Tiere benutzt werden. Vertrauen Sie nicht darauf, dass die Massenmedien ein wahres Bild der Verhältnisse aufzeigen! Verwenden Sie etwas Zeit darauf, hinter die Kulissen zu blicken; wenn man die Hintergründe auch nur ein wenig kennt, wird man bestürzt sein, wie oft man eine Sache finanziell unterstützt, die für Tiere Angst und Qual bedeutet. Urteilen Sie selbst (und forschen Sie im Internet):

- das Hormonersatzpräparat Premarin/Presomen (aus Stutenharn): *http://www.pericles-pferdeschutz.ch/pmu.htm*
- das Entfernen der Galle bei Bären in China: *http://www.awl.ch/tiere/presse/gulag-baeren/*

- das Schlachten und Verzehren von Hunden in Asien:
  *http://www.animalasia.org/index.php?module=44&lg=ge*
- das bedeutendste Schlittenhunderennen der Welt, Iditarod:
  *http://www.peta.de/aktionen/iditarod*

**Klären Sie auf!** So apathisch die Öffentlichkeit sein kann, so leidenschaftlich sind oft die Aktivisten, die sich für Tiere engagieren. Mitunter vertreten sie ihre Ansichten so vehement, dass sie sich darüber zerstreiten. Es sollte jedoch keine Zwietracht aufkommen zwischen Tierschützern und Tierrechtlern, zwischen seriösen Züchtern und Ausstellern, die ihr Geschäft gewissenhaft und mit Einfühlungsvermögen für die Tiere betreiben (und Tiere aus eigener Zucht auch zurücknehmen), und denen, die sich auf die Rettung bestimmter Rassen spezialisiert haben, oder zwischen Tierrettern und Tierheimangestellten und -betreibern, oder zwischen Veganern und Vegetariern. Wir müssen mit Vorurteilen und Verallgemeinerungen wie »alle Züchter sind …« oder »alle Tierrechtler sind …« aufhören. Wir sollten zum Wohl der Tiere friedlich und freundschaftlich zusammenarbeiten.

Wenn Sie einmal eine Liste der Tierheime und ähnlicher Institutionen in Ihrem Wohnort oder Ihrer Region zusammengestellt haben, verschicken Sie doch bitte einen Brief an diese Institutionen; fragen Sie nach, an welcher Art von Veranstaltung man mitwirken könnte, denn an Ideen fehlt es den Tierfreunden in der Regel nicht. Wie wäre es mit einem »Tag des Hundes« im Park, mit Info-Ständen, mit einer Spendensammlung für Rettungsorganisationen, mit Aktivitäten und Spielen für Hunde und ihre Menschen, mit Vorführungen von Hundetrainern oder mit Rednern, die über die praktische Bewältigung häufiger Verhaltensprobleme bei Tieren sprechen? Wie wäre es mit einer »Katzen-Gala« im Ballsaal eines Hotels, bei der seltene Rassen gezeigt werden und ortsansässige Tierärzte über häufig auftretende Krankheiten, über Probleme mit wildlebenden Katzen oder über kostengünstige Kastrations-/Sterilisationsprogramme reden? Also, Sie wissen nun, um was es geht, und Sie können helfen, solch ein Event zu organisieren.

**Surfen Sie gezielt!** Abonnieren Sie Online-Newsletter und -Rundbriefe, tragen Sie sich in Verteilerlisten ein und besuchen Sie regelmäßig die Websites der nationalen und internationalen Organisationen, für die Sie sich interessieren. Tauchen Sie in die Fülle von Informationen ein, die angeboten werden, und lassen Sie sich Gratisbroschüren oder preiswerte Publikationen zuschicken. Sie können zu einem Ein-Personen-Büro für Öffentlichkeitsarbeit werden und den Organisationen, die in Ihrer Nähe tätig sind, helfen, die verfügbaren Informationen an die Bedürfnisse und die Situation vor Ort anzupassen – das dient der Wissensvermittlung und -vertiefung auch bei den Mitgliedern von Vereinen. Information und Aufklärung sind die Schlüssel zur Lösung der meisten Probleme, und Sie können durch Ihr Mitwirken wesentlich zur Lösungsfindung beitragen.

**Zehn Minuten zwischendurch!** Nutzen Sie die Informationen, die Sie in den Mailings und auf den Websites der nationalen Organisationen finden, und machen Sie sich ein Bild von den Themen, die dort behandelt werden. Unterzeichnen Sie Online-Petitionen, verschicken Sie E-Mails und Faxe an Abgeordnete und an den Gesetzgeber. Drucken Sie Informationen über Kampagnen und Gesetzesentwürfe für die Mitglieder Ihrer Gruppe aus, und fordern Sie diese auf, sich zu beteiligen.
Ist ein Thema auch von lokaler oder regionaler Bedeutung, können Sie vielleicht auch die örtlichen Medien dazu bewegen, sich damit zu befassen.

**Tummeln Sie sich im Web!** Falls Sie gut mit dem Computer umgehen können, besteht die Möglichkeit, dass Sie für ein Tierheim oder einen Tierschutzverein in Ihrer Nähe eine Website erstellen und als Webmaster tätig werden. Auch wenn schon eine Website existiert, können Sie helfen, indem Sie die URL in speziellen Suchmaschinen anmelden, Verlinkungen zu befreundeten Organisationen anregen oder zu vermittelnde Tiere auf landesweit bekannten (oder rassespezifischen) Websites platzieren.

**Sprechen Sie für die, die keine Stimme haben!** Informieren Sie sich über die Gefahren, die den Tieren drohen, die – oft über Kleininserate – »gratis abzugeben« sind, und nehmen Sie mit den Personen Kontakt auf, die solche Anzeigen geschaltet haben, um sie vorsichtig über die möglichen Folgen für die Tiere aufzuklären. Manche Leute werden vielleicht einfach auflegen, aber manche werden ihre Entscheidung vielleicht noch einmal überdenken und den Rat befolgen, den Sie ihnen geben können. Sammeln Sie Literatur zum Thema, stellen Sie ein Info-Blatt zusammen, auf dem auch Hinweise auf kostengünstige Kastrations-/Sterilisationsprogramme zu finden sind, und wenn Sie irgendwo an einem Zaun, Haus oder Schwarzen Brett ein Schild oder eine Notiz »Gratis abzugeben« sehen, werfen Sie das Info-Blatt in den Briefkasten oder schicken Sie es an die angegebene Adresse. Natürlich können Sie auch bei anderen Themen jederzeit das Wort ergreifen.

**Setzen Sie Zeichen!** Lassen Sie T-Shirts mit geeigneten Botschaften und Kontakt-Telefonnummern bedrucken. Bestellen Sie Aufkleber für Autos. Sprechen Sie mit Werbefirmen in Ihrer Nähe über Sonderkonditionen und Rabatte für Tierschutzorganisationen. Sammeln Sie Spenden bei Betrieben und Geschäften. Stellen Sie ein Schwarzes Brett auf, auf dem Hinweise auf die Bedeutung von Kastration bzw. Sterilisation zu finden und die Firmen aufgelistet sind, die gespendet haben. Sie können auch Visitenkarten mit entsprechenden Hinweisen und Kontaktadressen drucken lassen (manchmal sogar gratis). Was immer Sie unternehmen: Stellen Sie die Angelegenheit als ein Problem dar, das alle etwas angeht und zu dessen Lösung alle etwas beitragen müssen – und nicht als etwas, das ausschließlich in die Zuständigkeit von Tierschutzvereinen oder karitativen Organisationen fällt. Auch Steuerzahler, die keine Tiere mögen, tragen mit an den Kosten für ein überlastetes und überfordertes Tierschutz-System.

**Auch das Kleingeld zählt!** Mit dem Einverständnis der Einrichtungen, für die Sie tätig werden wollen, können Sie Sammelbüchsen organisieren und Sie an die Ladengeschäfte in Ihrer Umgebung verteilen, damit sie neben den Kassen aufgestellt werden. Übernehmen Sie die Aufgabe, diese Sammelbüchsen regelmäßig zu entleeren. Bitten Sie in Geschäften, die auch Tierfutter verkaufen, um die Erlaubnis, im Regal die Info-Blätter oder »Wunschzettel« des lokalen Tierheims aufzulegen oder zum Abreißen aufzuhängen. Auch eine Adresse, an die Sachspenden geschickt werden können, sollte nicht fehlen.

**Entrümpeln Sie Ihre Garage!** Manche Tierheime müssen sogar Futterspenden, Polster, Decken usw. zurückweisen, weil kein Platz vorhanden ist, um die Sachen zu lagern. Falls Sie über einen leeren trockenen, sauberen und sicheren Raum verfügen, könnten Sie ihn als Lager anbieten.

**Machen Sie eine Bestandsaufnahme!** Wie wirken sich die alltäglichen Abläufe in Ihrem eigenen Haushalt und die Lebensgewohnheiten Ihrer Familienmitglieder auf die Tiere und die Umwelt aus? Wenn Sie nicht geneigt sein sollten, zum Vegetarier zu werden, sind Sie dann bereit, Ihren Fleischverzehr zu reduzieren oder weniger Lederwaren zu erwerben? Statt im Supermarkt Milch, Eier, Fleisch und andere Produkte zu kaufen, die aus industriell operierenden Agrarbetrieben stammen, sollten Sie die Bauern Ihrer Region, örtliche Märkte, Hofläden sowie organisch oder biodynamisch, jedenfalls aber sozial- und umweltverträglich produzierende und handelnde Betriebe unterstützen. Sehen Sie weiter als bis zum Warenetikett mit dem Preisaufdruck und finden Sie heraus, wie das Produkt entstanden ist, wie sich die Produktionsweise auf die Umwelt auswirkt und ob Sie damit einverstanden sind. Recycling ist wichtig! Reduzieren Sie Ihren Verbrauch aller Waren, die oder deren Verpackungen die Umwelt belasten. Vermindern Sie nach Möglichkeit insbesondere den Energieverbrauch. Wirken Sie dabei mit, Familienangehörige, Arbeitskollegen sowie Mitglieder sozialer und religiöser Gruppen im Sinne eines umweltfreundlichen Konsumentenbewusstseins aufzuklären.

**Ein Habitat muss nicht gemäht werden!** Vorschriften und Verbote einmal beiseite gelassen – es gibt Menschen, die den Anblick eines makellos gepflegten grünen Rasens lieben, den niemand betreten darf – mit Ausnahme des Gärtners, wenn er Unkrautvertilger versprüht. Allerdings hat diese Monokultur des fast sterilen Rasens für die Tierwelt nichts an Attraktivität zu bieten. Pflanzen Sie eine Hecke hier, ein Gruppe blühender Sträucher dort, ein paar Obstbäume (eventuell am Spalier), lassen Sie einige Wildblumen stehen, stellen Sie ein Vogelbad auf, legen Sie einen dekorativen Teich oder ein Biotop an. Schon bald werden Sie Ihren eigenen kleinen Garten Eden haben, in dem sich Vögel und Schmetterlinge tummeln und an dem Sie sich freuen können, während Ihre Nachbarn die Wochenenden damit verbringen, ihre kahlen Rasenfleckchen zu trimmen.

**Artgerechte Haltung beginnt zu Hause!** Ein hoher Prozentsatz der Haustiere in den Industrieländern ist übergewichtig und leidet an Bewegungsmangel. Verhaltensprobleme werden durch Langeweile, fehlende Sozialisierung und zuviel Alleinsein verschlimmert. Viele Tiere sehnen sich nach einem Artgenossen. Überdenken Sie die Beziehung, die Sie zu Ihrem Tier haben, und achten Sie sorgfältig auf seine Ernährung, seinen Bewegungsdrang und seine Auslaufmöglichkeiten. Sie können sich zum Beispiel dem Tier zuliebe wöchentlich mit Gassigehern oder Hundehaltern zu einem ausgedehnten Spaziergang treffen. Oder versuchen Sie es mit Beschäftigungsangeboten wie Agility, Obedience, Hundesport (eventuell sogar Rettungsarbeit) oder anderem. Machen oder kaufen Sie ihrer Katze einen Kratzbaum und ein paar neue Spielsachen. Beteiligen Sie sich an Aktivitäten, bei denen das Tier im Mittelpunkt steht – Sie werden einige nette Menschen kennenlernen, vielleicht sogar Ihrem künftigen Partner begegnen, und vieles lernen, was Ihrem vierbeinigen Freund zugute kommt.

**Was ist, wenn ich nicht mehr da bin?** Niemand von uns kann sicher sein, wie oft noch ein neuer Morgen kommen wird, an dem wir uns erfreuen können. Was wäre, wenn Ihnen etwas zustieße und Sie sich nicht mehr um Ihr Haustier kümmern könnten? Wer sollte dann wohl diese Verantwortung übernehmen? Besprechen Sie diese Angelegenheit mit Ihrer Familie und Ihren Freunden, erkundigen Sie sich bei geeigneten Institutionen, und fügen Sie klare und eindeutige Anweisungen in Ihr Testament ein, damit Ihre Wünsche auch tatsächlich erfüllt werden.

# Tierschutz-Organisationen im WorldWideWeb

Im WorldWideWeb (Internet) findet man unzählige Organisationen, Institutionen, Vereine, Verbände, Gruppen und Gruppierungen, Privatinitiativen, Foren, Portale, spezielle Suchmaschinen und Plattformen, wo es um Tiere, Tierschutz und Tierrechte geht, um das Halten, Betreuen und Retten von Tieren, um den richtigen Umgang mit ihnen, um ihre gesunde Ernährung, um Verhaltensweisen und Verhaltensstörungen, um medizinische Probleme, um rassespezifische Eigenheiten, um gegenseitige Hilfe, um Erfahrungsaustausch, um Veranstaltungen, Messen und Events und um Informationen über alle relevanten (und manchmal auch weniger relevanten) Themen, um Zubehör, Futter, Heime, Gesetze …

Kommerzielle Websites bieten für ihre »Communities« zunehmend Info-Seiten und Newsletter an.

Autor und Verlag des vorliegenden Werks sind nicht notwendigerweise mit sämtlichen Inhalten einverstanden und einig, die sich auf den hier aufgelisteten Websites befinden, und sie stimmen den jeweiligen Ansichten und Angeboten nicht unbedingt oder nicht uneingeschränkt zu: Die Auflistung stellt also keine Wertung dar. Doch sind diese Websites nützlich als Informationsquellen und als Anlaufstellen, um in ein bestimmtes Thema einzusteigen; auf vielen Websites findet man, mitunter kommentierte, Links zu anderen Websites, wo eventuell weiterführende Texte zu finden sind.

Jedenfalls gehören die Zeiten der Vergangenheit an, in denen man »ungestraft« behaupten konnte, man sei schlecht informiert und habe nichts über die Dinge gewusst, die das Leben von Tieren betreffen, ihre Existenzbedingungen, die Umwelt und deren Schädigungen, die Denaturierung von Lebensmitteln usw. Alle Informationen sind da, wenn man nur will, und stehen lediglich einen Mausklick von uns entfernt zur Verfügung, jederzeit abrufbar.

Alle Tierheime und alle, die sich um die Rettung vom Tod bedrohter Tiere bzw. um die Verbesserung der Lebensbedingungen von Tieren bemühen, fordern wir auf, die eigene Website, soweit vorhanden, mit einschlägigen Artikeln, Texten und Links zu ergänzen. Wir werden die existierenden Verhältnisse nur ändern können, wenn wir keine Gelegenheit versäumen, die Öffentlichkeit aufzuklären und zu informieren – insbesondere über Verhaltensprobleme, über Kriterien für die richtige Wahl eines Haustiers, über all die Gründe, die von Menschen vorgebracht werden, die ihr Haustier nicht mehr haben wollen, über die Wichtigkeit des Kastrierens/Sterilisierens usw.

Was auch immer Sie interessiert, welche Fragen Sie haben mögen, welches Problem Sie beschäftigt, über welche Rasse Sie mehr wissen wollen – im Internet werden Sie etwas dazu finden, wenn Sie die entsprechenden Suchbegriffe in eine der bekannten Suchmaschinen eingeben: *google, altavista, metacrawler, lycos, fireball, infoseek, yahoo* und wie sie alle heißen. Falls Sie es nicht selbst können, wird Ihnen sicher jemand in Ihrem Bekanntenkreis gerne weiterhelfen.

Hier einige Zahlen zur Veranschaulichung der Menge der im Internet vorhandenen Informationen. Anfang 2006 fand die Suchmaschine *google.de* zu den Suchbegriffen:

| | | |
|---|---|---|
| Hunde | 3 210 000 | Seiten |
| Katzen | 2 260 000 | Seiten |
| Pferde | 2 570 000 | Seiten |
| Haustiere | 3 440 000 | Seiten |
| Tierschutz | 2 960 000 | Seiten |
| Tierrechte | 303 000 | Seiten |
| animal rights | 227 000 | Seiten (deutschsprachig) |
| animal rights | 80 900 000 | Seiten (im Web) |

Stürzen Sie sich mutig ins Abenteuer der globalen Informationssuche! Aber vergessen Sie dabei nicht, dass das Internet nur ein Mittel zum Zweck ist.

# *Internet-Adressen*

## Tierschutzorganisationen

Aktionsgemeinschaft Schweizer Tierversuchsgegner AGSTG:
*www.agstg.ch*

Bürger gegen Tierversuche e.V.:
*www.buerger-gegen-tierversuche.de*

Bürgerinitiative gegen Pelztiermord e.V.:
*www.bi-gegen-pelztiermord.de*

Bund gegen Missbrauch der Tiere e.V.:
*www.bmt-tierschutz.de*

Bundesverband Tierschutz e.V. – Alles zum Thema Tierschutz:
*www.tierschutz-online.de*

Deutscher Tierschutzbund e.V.:
*www.tierschutzbund.de*

Die Tierbefreier:
*www.tierbefreier.de*

Europäischer Tier- und Naturschutz e.V.:
*www.etn-bonn.de*

Hilfe für notleidende exotische Tiere e.V.:
*www.affen-in-not.de*

Infos über dubiose deutsche Tierheime und Gnadenhöfe:
*www.skandale-in-bayern.de*

Infos zu Tierschutz, Tierwelt und Tierrechten:
*www.tierschutz.org*

Infos zum Washingtoner Artenschutzabkommen CITES:
– *www.auswaertiges-amt.de/www/de/aussenpolitik/vn/umweltpolitik/ artenschutz/artenschutz_html*
– *www.cites.org*

Initiative zur Abschaffung des Handels und der Tierversuche mit Primaten:
– *www.primatenkampagne.net*
– *www.affenversuche-stoppen.de*

Pro Tier – Schweizerische Gesellschaft für Tierschutz:
*www.protier.ch*

Schweizer Tierschutz STS:
*www.tierschutz.com*

Tierärztliche Vereinigung für Tierschutz:
*www.tierschutz-tvt.de*

Tierheime in Österreich:
*www.archiv-tierschutz.de/tierheime-oesterreich/*

Tierhilfswerk Austria – Tierschutz in Österreich:
*www.tierhilfswerk.at*

Tierhort Deggingen e.V.:
*www.tierherberge-donzdorf.de*

Tierschutz (Links und Website):
*www.tiernotruf.org*

Tierschutz bei Tierversuchen (kommentierte Link-Sammlung):
*www.uni-giessen.de/tierschutz/*

Tierschutz-Hundeverordnung:
*www.bundesrecht.juris.de/tierschhuv/*

Tierschutz Notruf e.V. – Infos und Kontaktadressen für Notfälle:
*www.tierschutz-notruf.de*

Tierschutz-Portale:
– *www.tierschutz.ch*
– *www.tierschutz.ne*

Tierschutzseite Österreich:
*www.tiere.or.at/*

Tierschutzverein Ludwigsburg e.V.:
*www.tierheim-lb.de*

Tierschutzverein Stadttaubenhilfe e.V.:
*www.stadttaubenhilfe.com*

Tierschutzverein Stuttgart e.V.:
*www.stuttgarter-tierschutz.de*

Tierversuchsfreie Kosmetik:
*www.kameha.de*

Verein gegen Tierfabriken VgT:
– *www.vgt.ch*
– *www.vgt.at*

Vier-Pfoten – Stiftung für Tierschutz:
- *www.4paws.net*
- *www.vier-pfoten.at*
- *www.vier-pfoten.ch*
- *www.vier-pfoten.de*

Zürcher Tierschutz e.V. – Hilfe und Information für Heimtierhalter:
*www.zuerchertierschutz.ch/de*

## Auslandstierschutz

Aktionsgemeinschaft für Tiere Europa e.V.:
*www.agtiere.de*

Förderverein Arche Noah Kreta e.V.:
*www.archenoah-kreta.com*

Förderverein für Tierschutz in Kroatien Calw e.V.:
*www.tierschutz-kroatien.de*

Lega Pro Animale:
*www.legaproanimale.de*

Pro Animale für Tiere in Not e.V.:
*www.pro-animale.de*

Tierhilfe Chalkidiki/Griechenland:
*www.tierhilfe-griechenland.de*

Tierhilfe Hoffnung – Hilfe für Tiere in Not e.V. (vormals Tierhilfe Aurora e.V.):
*www.Tierhilfe-Hoffnung.de*

Tierhilfe Spanien e.V.:
*www.tierheim-spanien.de*

Tierhilfe Süden e.V.:
*www.Tierhilfe-Sueden.de*

Tierschutz auf Teneriffa:
*www.archenoah.de*

## Tierrechtsorganisationen

Ärzte gegen Tierversuche – Argumente aus wissenschaftlicher und ethischer Sicht:
*www.aerzte-gegen-tierversuche.de*

AKTE – Arbeitskreis Ethik und Tierrechte:
*www.tierrechteportal.de*

Animals Angels e.V.:
*www.animals-angels.de*

Deutsche Tierschutzpartei: Mensch – Umwelt – Tierschutz:
*www.tierschutzpartei.de*

Fondation Franz Weber – Int. Gerichtshof für Tiere – United Animal Nations:
*www.ffw.ch/deutsch/unitedanimalnations.asp?sid=83&lid=83&link=*
*UNITED%20ANIMAL%20NATIONS*

Für Tierrechte und Veganismus – gegen Speziesismus:
*www.maqi.de*

Grundrechte für alle Lebewesen:
*www.animal-holocaust.net*

Hundegesetz – Informationen und Links:
*www.lexikon.freenet.de/hundegesetz*

Menschen für Tierrechte – Bundesverband der Tierversuchsgegner:
*www.tierrechte.de*

PETA (People for the Ethical Treatment of Animals) Deutschland e.V.:
*www.peta.de*

Politischer Arbeitskreis für Tierrechte in Europa e.V.:
*www.paktev.de*

Stiftung für das Tier im Recht:
*www.tierimrecht.org*

## Haustiere

Alles über die Haltung von Hunden, Katzen, Kaninchen,
Meerschweinchen, Hamstern, Ratten etc.:
*www.haustiere.de*

Animal Protection Institute, »What's Really in Pet Food«:
*www.api4animals.org/doc.asp?ID=79*

Erfahrungsaustausch:
*www.forum-haustiere.de*

Ferienwohnungen und Ferienhäuser für Haustiere in Europa:
*www.ferienwohnungen.de/haustiere/*

Freunde der Tiere e.V.:
*www.tiere-in-not.de*

Haustier-Portal, Suchmaschinen, Kataloge, Anzeigen, Foren:
*www.yellopet.de*

Hilfe bei der Suche nach entlaufenen Tieren e.V. – TASSO:
*www.tiernotruf.org*

Info-Portal, Online-Katalog und Suchmaschine:
*www.haustiere-info.de*

International Fund for Animal Welfare:
*www.ifaw.org/*

Kleintiere:
- *www.littleanimalhome.de*
- *www.meerschweincheninnot.de*
- *www.nagetiere-online.de*
- *www.rattenhausen.de*

Suchmaschine (alle Sprachen; hier für Deutsch angegeben):
*www.dmoz.org/World/Deutsch/Freizeit/Haustiere/*

Tierwaisen:
*www.tierwaisen.de*

Vermittlung von Haustieren aller Art:
*www.zerg.de*

Vermittlung von Tieren aller Arten:
*www.tiervermittlung.de*

# Hunde

Alte Hunde:
*www.graue-schnauzen.de*

Blinde Hunde:
*www.blinde-hunde.de*

Fédération Cynologique Internationale FCI, Weltorganisation der Kynologie:
- *www.fci.be*
- *fci.be/home.asp?lang=de*

Für Hunde, gegen Rasselisten und die Einschränkung von Grundrechten:
*www.maulkorbzwang.de*

Hunde-Informationsportale:
- *www.animal-news.de*
- *www.hunde.com*
- *www.hundezeitung.de*
- *www.zergportal.de*

Hunde-Suchmaschinen:
- *www.hunde.yellopet.de*
- *hundejo.de*

Hundevermittlung und -rettung (Beispiele):
– *www.bullterrier-in-not.de*
– *www.dalmatiner-in-not.de*
– *www.dobermann-nothilfe.de*
– *www.doggen-hilfe.info*
– *www.doggen-nothilfe.de* & *www.sosdoggen.de*
– *www.inselhunde.de*
– *www.molosser.de*
– *www.podenco-in-not.de*
– *www.pro-herdenschutzhunde.de*
– *www.retriever-hilfe.de* & *www.retriever-in-not.de*
– *www.rottweiler-in-not.de*
– *www.schaeferhund-in-not.de*
– *www.staffordshire-hilfe.de*
– *www.stafford-terrier.de*
– *www.windhunde-in-not.de*

Interessenvertretung und Beratung für Hundehalter:
*www.hund-und-halter.de*

Kampfhunde – wie sie wirklich sind:
– *www.wob-kampfhunde.de*
– *www.meine-kampfhunde.de*

Österreichischer Kynologenverband:
*www.oekv.at*

Online-Magazin & Internet-Portal »Hunde und Welpen«:
*www.hunde.haustiere-info.de*

Rassebeschreibungen, Beratung vor dem Hundekauf:
*www.hunde.de*

Schweizerische Kynologische Gesellschaft SKG:
*www.hundeweb.org*

SKV-FCS Schweizerischer kynologischer Verband:
*www.fcs.ch*

Stiftung für das Wohl des Hundes:
*www.certodog.ch*

Taube Hunde:
*www.tauberhund.de*

Verband für das Deutsche Hundewesen (VDH):
*www.vdh.de*

Welpenvermittlung:
– *www.welpen.de*
– *www.hundewelpen.de*

## Katzen

Alles rund um die Katze (über 200.000 Beiträge):
*www.netz-katzen.de*

Katzen (elektronisches Medium / Online-Magazin):
– *www.katze-und-du.at*
– *www.katzen-album.de/*

Katzen-Portal:
*www.welt-der-katzen.de*

Katzen-Suchmaschine:
*www.katzen.yellopet.de*

Katzen-Lexikon:
*www.miau.de/lexikon/lexikon.htm*

Internet-Portal zum Thema Katzen:
*www.katzen.meintier.de/*

## Pferde

Alles mögliche zum Thema Pferd:
– *www.pferde.at*
– *www.welt-der-pferde.de*

Beste Pferde-Seiten im Internet:
*www.pferdetoplist.de*

Kölner Schutzhof für Pferde (Beispiel für ein Schutzprojekt):
*www.pferdeschutzhof.de*

Pferde-Suchmaschine:
*www.pferde.yellopet.de*

Portal mit Links zu Vereinen, Verbänden, Anzeigen etc.:
*www.pferde.de*

Reitertreff im Internet:
*www.reitforum.de*

Informationen rund ums Pferd:
*www.horses.ch*

## Diverse Tierarten

Websites:
- *www.affen-in-not.de*
- *www.papageien.org*
- *www.pro-igel.de*
- *www.schweinefreunde.de*
- *www.stadttaubenhilfe.com*
- *www.voegelinnot.de*
- *www.wildvogelhilfe.org*

## Veterinärmedizin

Bundesverband praktischer Tierärzte:
*www.tieraerzteverband.de*

Info-Portal:
*www.animal-health-online.de*

Tierärztliche Vereinigung für Tierschutz e.V:
*www.tierschutz-tvt.de*

Weiterführende Links:
*www.webkatalog.net/suchen/gesund/medizin/vet.htm*

## Vegetarismus und Veganismus

Die vegane Informationsquelle – Vegane Gesellschaft Österreich:
- *www.vegan.de*
- *www.vegan.at*

Europäische Vegetarier Union:
*www.ivu.org/evu/german/about/organisations.html*

Faktenblätter – Rezepte – Literatur:
*www.goveggie.de*

Für Tierrechte & Veganismus – gegen Speziesismus:
*www.maqi.de*

International Vegetarian Union:
*www.ivu.org/global*

Schweizer Vereinigung für Vegetarismus (SVV):
*www.vegetarismus.ch*

Vegetarier Bund Deutschlands:
*www.vegetarierbund.de*

## Natur- und Umweltschutz

Aktionsgemeinschaft Regenwald und Artenschutz:
*www.araonline.de*

Bund für Umwelt- und Naturschtz (BUND):
*www.bund.net*

Europäischer Tier- und Naturschutz e.V.:
*www.etn-bonn.de*

Friends of the Earth:
– *www.foe.org*
– *www.foei.org*

Greenpeace Deutschland – Österreich – Schweiz:
– *www.greenpeace.at*
– *www.greenpeace.de*
– *www.info.greenpeace.ch*

Naturschutzbund Deutschland e.V.:
*www.nabu.de*

Rainforest Action Network:
*www.ran.org*

World Wildlife Fund (WWF) Deutschland – Österreich – Schweiz:
– *www.wwf.de*
– *www.wwf.at*
– *www.wwf.ch*

# Über den Autor

Jim Willis, Jahrgang 1956, stammt aus Pittsburgh und lebt heute, nach einem mehrjährigen Deutschland-Aufenthalt, wieder in den USA. Er hat Biologie studiert und nach seinem Studium viele Jahre als Fachlektor eines wissenschaftlichen Verlags in Deutschland gearbeitet. Inzwischen ist er vorwiegend als Schriftsteller und Künstler tätig. Vor allem aber engagiert er sich als Tierschützer, als Sprecher und »Anwalt« unserer hilflsbedürftigen Mitgeschöpfe. Schon als Jugendlicher half er regelmäßig in Tierheimen mit; sein Interesse und seine Liebe galten also seit jeher »allem, was da kreucht und fleucht«. 1990 gründete er mit seiner damaligen Frau den Tiergarten Sanctuary Trust, eine breit angelegte, aus eigenen Mitteln finanzierte Initiative zur Rettung und Vermittlung von Tieren. Im Lauf der Jahre hat das Ehepaar über drei Dutzend gerettete Tiere bei sich aufgenommen und mit ihnen gelebt.

Am 25. Januar 2004 brannte das Haus von Jim Willis bis auf den Erdboden nieder. Vierzehn seiner geliebten Tiere (Hunde, Katzen und Wölfe) fielen den Flammen zum Opfer. Nach diesem traumatischen Erlebnis machte er eine sehr schwere Zeit durch. Aber er gab nicht auf, sondern kämpfte für seine überlebenden Tiere weiter. Heute lebt er mit seiner Frau Betty und zahlreichen vierbeinigen Freunden in North Carolina.

Die Erzählung *Wie konntest du nur?*, geschrieben Anfang des Jahres 2001, schildert exemplarisch verdichtet ein Hundeleben, wie es sich tausendfach wiederholt – mit vielen Variationen zwar, aber im Prinzip leider immer gleich. Dieser Text ist heute eine der im Internet wohl am weitesten verbreiteten Tierschutzgeschichten überhaupt und wurde in etwa 40 Sprachen übersetzt.

Jim Willis ist Mitglied der American Sanctuary Association sowie der African Conservation Foundation und unterstützt eine Reihe weiterer Tier- und Umweltschutzprojekte.

In Vorbereitung (geplantes Erscheinen Dezember 2006):

# Jim Willis
## »Die leise Stimme der Seele«
# Band II

Dieser zweite Band enthält weitere bewegende Erzählungen und Gedichte aus der ursprünglichen englischen Buchausgabe und darüber hinaus einige bislang noch nicht in Buchform veröffentlichte Texte des Autors.

*Schwerpunkte des zweiten Bandes:*
Natur, wild lebende Tiere und die Verantwortung des Menschen für seine Umwelt.

## Farbenprächtige Kinderbücher:

Das Buch schildert eindrücklich, wie wichtig es ist, allen Geschöpfen einfühlsam und rücksichtsvoll zu begegnen. *Auch der Tierschutz kommt nicht zu kurz.*

ISBN 3-905319-00-4

Ehrlichkeit mit sich selbst und die Bedeutung wahrer Freundschaft sind Werte, die in diesem Buch vermittelt werden. Die Autorin, eine junge Frau, von den Ärzten bereits aufgegeben, konnte ihre schwere Krankheit besiegen und gibt ihre (über)lebenswichtige Erfahrung an die Kinder weiter.

ISBN 3-905319-03-9